Verein für Geschichte und Altertumskunde

Mitteilungen des Vereins für Geschichte und Altertumskunde in Frankfurt am Main

Erster Band

Verein für Geschichte und Altertumskunde

Mitteilungen des Vereins für Geschichte und Altertumskunde in Frankfurt am Main
Erster Band

ISBN/EAN: 9783743491397

Hergestellt in Europa, USA, Kanada, Australien, Japan

Cover: Foto ©Andreas Hilbeck / pixelio.de

Manufactured and distributed by brebook publishing software
(www.brebook.com)

Verein für Geschichte und Altertumskunde

Mitteilungen des Vereins für Geschichte und Altertumskunde in

Frankfurt am Main

MITTHEILUNGEN

an die Mitglieder

des

VEREINS

für

Geschichte und Alterthumskunde

in

FRANKFURT A. M.

Erster Band

enthaltend Nr. 1 — 4, erschienen April 1858, December 1858,
October 1859 uud November 1860.

FRANKFURT A. M.

Im Selbst-Verlage des Vereins.

1860.

Druck von August Osterrieth
in Frankfurt a. M.

REGISTER

MITTHEILUNGEN

an die Mitglieder

des

VEREINS

für

GESCHICHTE und ALTERTHUMSKUNDE

in

Frankfurt a. M.

Ausgegeben im April 1858.

Druck von AUGUST OSTERRIETH
in Frankfurt a. M.

MITTHEILUNGEN

an die Mitglieder

des

V E R E I N S

für

GESCHICHTE und ALTERTHUMSKUNDE

in FRANKFURT a. M.

I. Chronik des Vereins.

Wie allwärts im deutschen Vaterlande, so musste auch in unserer Stadt, deren Geschichte durch die grossartigsten Akte nationaler Einigung mit der Geschichte des deutschen Reiches so enge verzweigt ist, das erhöhte Gefühl für des Vaterlandes oft so glanzvolle Vergangenheit, den Blick zur Betrachtung ihrer Geschichte und zur Würdigung und Werthschätzung ihrer oft lange missachteten Denkmäler und Reste jeder Art zurückwenden lassen. Gewiss aber hat an dieser erneuten Betrachtung der Vorzeit und ihrer grossen Persönlichkeiten, an dieser Erforschung und Ausbeutung ihrer Begebnisse und Denkmäler, an dieser Sammlung, Bewahrung und Erneuerung ihrer Ueberreste, das mehr oder weniger dunkle Gefühl der eignen Unzulänglichkeit, des Mangels an grossartig-politischem Leben und an wahrhaft grossen Männern und Charakteren ebenso viel Antheil, als das Interesse, durch Ergründung und Verfolgung der in die Vergangenheit zurückleitenden Fäden und Wurzeln aller Richtungen unseres modernen Lebens den wahren und

1*

inneren Zusammenhang unserer gesammten Culturzustände in
einem organischen Entwicklungsprocesse zu überschauen. Aber
nicht minder hoch als diese Erschliessung eines allseitigen rich-
tigen Verständnisses unserer ganzen Bildungsgeschichte ist der
geistige und moralische Gewinn anzuschlagen, welchen Geschichte und Alterthumskunde selbst für das moderne Leben
vermitteln. Die Betrachtung einer insbesondere thatkräftigen,
charaktervollen, kernhaften, von scharf umrissenen Persönlichkeiten belebten Vorzeit, ihres in stetigeren und ausgeprägteren
Formen sich bewegenden politischen und socialen Lebens, ihrer
Sitten und Gebräuche, ihres Glaubens und Dichtens, kann nicht
verfehlen einen erfrischenden und erhebenden Einfluss auf alle
bürgerlichen Tugenden auszuüben und insbesondere die Liebe
zum Vaterlande zu beleben und zu stärken, den Gemeinsinn
zu befördern, der selbstsüchtigen Zersplitterung der Kräfte zu
steuern und überhaupt das Geistesleben vor der erstickenden
Ueberwucherung des Materiellen mitzuschützen. Von dieser
Auffassung des wohlthätigen Einflusses der Alterthumsstudien
auf das Leben und von der Ueberzeugung geleitet, dass es
vorerst nur, nach Art verwandter Kunststrebungen, darauf an-
käme, durch Vereinigung und permanente Ausstellung alter-
thümlicher Gegenstände, insbesondere aus der vaterstädtischen
Vergangenheit, den Sinn für deren Schicksale und hervor-
ragende Persönlichkeiten zu pflegen und zu verbreiten: traten
im October 1856 eine Anzahl Männer dahier in fortgesetzten
Berathungen zur Gründung eines solchen Instituts zusammen,
indem sie ihre Grundsätze und Anschauungen in den „Ge-
danken über eine Ergänzung der hiesigen Anstalten und Vereine für Geschichte und Kunst" nieder-
legten und im März des Jahres 1857 Gleichstrebenden zu ge-
neigter Rücksichtnahme und Förderung, zugleich mit der Ein-
ladung zu einer näheren Besprechung auf den 14. März vor-
legten, in welcher sich der erweiterte Kreis der Theilnehmer
nicht nur zu einem förmlichen Comité constituirte, sondern
auch aus sich einen Ausschuss von 10 Männern bestellte, dem
zugleich die ferneren Schritte zur Gründung eines förmlichen
Vereines, sowie zur Entwerfung von Statuten übertragen wurden.
Denn wiewohl man im Monate Mai, dem ursprünglichen Plane

— 3 —

entsprechend, einen öffentlichen Aufruf an die Besitzer alter-
thümlicher Gegenstände zur Begründung einer Ausstellung und
eines Museums von Alterthümern mittelst Schenkung oder zeit-
weiliger Abgabe derselben erlassen hatte, so fühlte man doch
zu wohl, dass ohne die Gründung eines besondern, durch per-
sönlichen Meinungsaustausch der Alterthumsfreunde und durch
wissenschaftlich-literarische Arbeiten die zur Anschauung ge-
brachten Antiquitäten belebenden, Vereines dem angestrebten
Ziele die wahre Grundlage fehlen würde. Daher wurde in
den Comitésitzungen vom 26. Juni und 13. Juli die Gründung
eines Vereins zu entscheidendem Abschlusse gebracht, der
vorgelegte Statutenentwurf genehmigt und der endgiltigen Be-
schlussnahme einer Generalversammlung vorbehalten, die An-
sammlung von Unterschriften ins Werk gesetzt, die Verschmelzung mit dem dahier bestehenden Vereine für Frankfurts Geschichte und Kunst, sowie die Fortsetzung des von letzterem
seither mit so schönem Erfolge herausgegebenen „Archivs" in Aussicht genommen, zugleich auch die Einrichtung grösserer und
kleinerer Versammlungen zum Behufe des Austausches und der
Veröffentlichung historisch-antiquarischer Mittheilungen und Arbeiten und zur Anregung und Belebung des Sinnes für Geschichte und Alterthumskunde in erster Linie als Zweck und
Ziel des Vereines hingestellt, dem sich in zweiter Linie dann
die Ausstellung, beziehungsweise die Gründung eines Vereinsmuseums von Alterthümern in Originalien oder deren Nachbildungen anreihen würde. Nachdem inzwischen etwa 170 Personen ihren eventuellen Beitritt zu dem Vereine erklärt hatten,
wurde in der Comitésitzung vom 9. October die Berufung
einer Generalversammlung zur förmlichen Constituirung
des Vereines beschlossen, wobei, unbeschadet freier Wahl, zur
Besetzung des definitiven Vorstandes 7 Mitglieder in doppelter
Anzahl durch das Comité vorgeschlagen werden sollten.

Mit dieser Uebersicht der Thätigkeit des provisorischen
Comité's und der verschiedenen Zwecke und Ziele des zu
gründenden Vereines eröffnete Herr A. H. Osterrieth, einer
der Mitbegründer des Vereins, die auf Freitag den 30. October
berufene Generalversammlung, zu welcher sämmtliche Mitglieder
(s. Anlage II.) sowohl durch besondere Karten, als durch ein in

dem Intelligenzblatte Nr. 254 vom 27. October veröffentlichtes Ausschreiben eingeladen worden waren. In derselben wurde ferner die Berathung der Statuten vorgenommen und wurden dieselben mit geringen Abweichungen von dem vorgelegten Entwurfe in der Fassung angenommen, wie sie in der Anlage I. niedergelegt ist. In gleicher Weise schritt man sodann zur Wahl eines definitiven Vereinsvorstandes, wobei die Herren:

A. H. Osterrieth,
Dr. Euler,
Senator Dr. Gwinner,
Prof. Dr. Becker,
Maler C. T. Reiffenstein,
·Director Dr. Classen,
Prof. Dr. Kriegk,

als die höchstbestimmten bezeichnet wurden. Da aber Herr Prof. Dr. Kriegk für dieses Jahr an den Berathungen des Vereins Theil nehmen zu können sich ausser Stand sah, und auch der mit ihm durch gleiche Stimmenzahl bezeichnete Herr J. W. Sommer zu Gunsten des nächsthochbestimmten Herrn C. A. Milani auf seine Ernennung verzichtete, auch letzterer sich zum Eintritt in den Vorstand bereit erklärte, so wurde er zum 7. Mitgliede des Vorstandes bestimmt. — Nachdem so der Verein förmlich und definitiv constituirt worden war, wurde die Generalversammlung durch die Vorträge des Herrn Landbaumeister C. Arnd aus Hanau, Mitglied des dortigen Vereines, über die engeren und erweiterten römischen Grenzwälle im untern Maingebiete, und des Herrn Dr. Burkard über einige Bestandtheile des Frankfurter Staatskalenders von 1757 an geschlossen, über welche Vorträge unten Näheres mitgetheilt ist. Alsbald nach der Generalversammlung vertheilte der erwählte Vorstand in seiner ersten Sitzung am 4. November zuerst nach Massgabe des § 25 der Vereinsstatuten die vorschriftmässigen Funktionen, so dass, nachdem Herr Senator Dr. Gwinner und Herr Director Dr. Classen das Directorium des Vereins zu übernehmen, wegen überhäufter Amtsgeschäfte sich nicht in der Lage fanden,

Herr Dr. **Euler** zum Director;
„ Prof. Dr. **Becker** zum Schriftführer;
„ **A. H. Osterrieth** zum Cassier;
„ Maler **C. T. Reiffenstein** zum Conservator
ernannt wurden und ihre Funktionen übernahmen. Sodann
wurde zur Bezeichnung derjenigen Vereinsmitglieder geschritten,
welche zu dem durch § 26 der Statuten vorgesehenen wissenschaftlichen Ausschusse zunächst einzuladen wären, zugleich
auch im Allgemeinen bestimmt, dass die Ausschusssitzungen
womöglich alle 14 Tage und zwar die erste Freitag den 13.
November stattfinden sollten, und weiter auch die Einrichtung
besonderer, neben den grösseren von dem Vereine beabsichtigten
literarischen Publikationen hergehenden, zwanglosen „Mittheilungen an die Mitglieder des Vereins" in den
Grundzügen festgestellt und deren Beginn für den Anfang des
Jahres 1858 zugleich mit der Abhaltung einer allgemeinen Ver-
einsversammlung in Aussicht genommen. In derselben Vorstandssitzung wurde auch der Vereinscassirer, Herr A. H. Osterrieth, zur Einziehung der Mitgliederbeiträge für 1857 unter
dem Ersuchen ermächtigt, alsbald einen Entwurf des Budgets
pro 1857 und 1858 für die nächste Sitzung vorzubereiten. Die
Vorlage dieses Budgets in der Vorstandssitzung vom 30. December zeigte pro 1857 eine Gesammteinnahme von fl. 606. 36 kr.,
wonach die Vergleichung der Gesammtausgabe mit fl. 132. 4 kr.
einen Saldo von fl. 474. 32 kr. ergab. Zugleich erklärte sich
Herr A. H. Osterrieth auf dessfalls ihm ausgesprochenen
Wunsch mit preiswürdiger Liberalität bereit, zunächst und auf
unbestimmte Zeit nicht blos das von ihm seither schon zuge-
standene Local für die Vereinssammlungen in seiner Behausung
(Rossmarkt 18), sondern auch ein Zimmer seines Hauses in der
Stiftsstrasse 27 für die abendlichen Ausschusssitzungen unent-
geltlich zur Verfügung zu stellen. Indem der Vorstand diesen
patriotischen Entschluss eines der thätigsten Mitbegründer des
Vereins mit schuldigem Danke erwiederte, erklärte er sich zu-
gleich bei der zu erhoffenden Erstarkung des Vereins in seinen
Geldmitteln bereit, seiner Zeit eine billige Vergütung für das
Local eintreten zu lassen.

STATUTEN.

Zweck und Wirkungskreis des Vereins.

Art. 1.

Der Zweck des Vereins ist:

1) Förderung der historischen Wissenschaften im Allgemeinen durch Sammlung solcher Erzeugnisse der Vergangenheit, welche eine unmittelbare Anschauung gewähren.

2) Förderung der Kenntniss der Geschichte der Vaterstadt im weitesten Sinne des Wortes durch Sammlung des historischen Materials, sowohl aus dem Gebiete der Literatur, als der bildenden Künste und Handwerke, durch möglichste Fürsorge für die Erhaltung der noch vorhandenen Denkmäler der Vergangenheit und durch Anregung oder Unterstützung wissenschaftlicher Arbeiten für die Geschichte Frankfurts.

3) Veranstaltung von zeitweiligen Ausstellungen hier befindlicher oder später hierher gelangender Alterthümer, welchem Volke oder Zeitalter sie angehören mögen.

4) Weckung und Belebung des Sinnes für Geschichte und Alterthum durch Mittheilungen, Abhandlungen und Vorträge in Versammlungen oder im Druck.

Art 2.

Die Thätigkeit des Vereins, beziehungsweise seines Vorstandes und seiner arbeitenden Mitglieder, wird daher im Allgemeinen gerichtet sein auf:

1) Sammlung der auffindbaren Kunst- und Culturdenkmäler selbst, im Original oder doch in möglichst vollkommnen Abbildungen, Abgüssen, Facsimiles, Photographieen, Zeichnungen etc.

2) Wo dies nicht möglich, Sammlung und planmässige Ordnung der Nachweise, wo sie sich befinden.

3) Sammlung des literarischen Materials oder der Nachweise, wo es zu finden.

4) Beförderung der allgemeinen Aufmerksamkeit auf Gegenstände und Notizen für Zwecke des Vereins.

Art. 3.

Rücksichtlich der allgemeinen Geschichte wird eine planmässige Uebersichtlichkeit der verschiedenen Perioden mit Bevorzugung des Mittelalters und Deutschlands insbesondere, rücksichtlich der Geschichte Frankfurts, Vollständigkeit angestrebt.

Art. 4.

Für Frankfurt insbesondere wird daher eine möglichst vollständige Sammlung des neuesten und täglich neu entstehenden Materials aus allen Gebieten der localen Geschichte in planmässiger Ordnung beabsichtigt, um dem Verluste vorzubeugen und dem künftigen Forscher und Bearbeiter der Local-Geschichte die Arbeit wesentlich zu erleichtern.

Art. 5.

Der Verein behält sich vor, sich mit andern hiesigen Vereinen von verwandtem Streben zu verschmelzen, insbesondere zunächst mit dem bestehenden „Vereine für Frankfurts Geschichte und Kunst", und die Herausgabe des Archivs, wenn auch nach anderem Plan, fortzusetzen.

Art. 6.

Der Verein wird mit verwandten Vereinen, besonders mit den nachbarlichen, in Verkehr treten. Er wird es sich angelegen sein lassen, mit dem „Germanischen Museum" in Nürnberg, als der Central-Anstalt Deutschlands, geeignete Verbindung anzuknüpfen.

Art. 7.

Der Verein wird nach Befund der Angemessenheit von seinen Originalstücken Abbildungen, Abgüsse, Abdrücke nehmen und zum Umtausch oder Verkauf bereit halten.

Die Mitglieder sollen solche Abbildungen um den möglichst geringen Preis erhalten. Wenn möglich, sollen Publicationen des Vereins gratis an die Mitglieder vertheilt werden.

Art. 8.

Die Sammlungen des Vereins und die zeitweiligen Ausstellungen, die er veranlasst, sind bestimmt, nicht nur den Vereinsgliedern, sondern dem Publikum zu dienen, Sinn und Liebe für Geschichte und Kunst, für Vaterstadt und Vaterland zu beleben und zu erwecken, den Geschmack zu bilden und neue Kräfte anzuregen.

Art. 9.

Der Zutritt zu der Sammlung und zu den Ausstellungen soll, so lange er nicht ganz unentgeldlich sein kann, möglichst erleichtert werden; das Nähere hierüber hat der Vorstand des Vereins festzusetzen.

Art. 10.

Die Mittel zur Begründung und Vergrösserung der Sammlung sind:

a) Ankauf aus Vereinsmitteln;

b) Geschenke und Legate an den Verein;

c) Tausch;

d) Die Erlaubniss des Besitzers eines Originalstücks, dass der Verein eine Copie davon nehme, entweder nur diese eine oder mit dem Rechte der Vervielfältigung.

In zeitweisen Veröffentlichungen werden die neuen Erwerbungen angezeigt und soll der freundlichen Schenker und Förderer namentlich dankbar gedacht werden.

Art. 11.

Die Geldmittel des Vereins werden erworben:

a) durch die Beiträge der Mitglieder;

b) durch die Eintrittsgelder;

c) durch Geschenke und Legate.

Ueber Einnahmen (wobei diejenigen der letzteren Quelle specificirt anzuführen) und Ausgaben wird jährlich öffentliche Rechnung abgelegt.

Die zeitweiligen Ausstellungen insbesondere.

Art. 12.

Um den Mitbürgern und auswärtigen Kunstfreunden Gelegenheit zu geben, die hier im Besitz von öffentlichen Anstalten, Corporationen und Kunstfreunden befindlichen Kunst- und sonstigen Werke der Vorzeit kennen zu lernen, wird der Verein seine Vermittelung eintreten lassen, indem er die Besitzer ersuchen wird, ihm ihre Kunstschätze zum Zwecke einer Ausstellung auf einige Zeit zu überlassen.

Art. 13.

In angemessenen Zeiträumen werden solche Ausstellungen wiederholt werden.

Art. 14.

Die Aussteller haben freien Zutritt.

Art. 15.

Auch einzelne bedeutendere Werke, welche der Verein zu diesem Zwecke erlangen kann, können ausgestellt werden, worauf alsdann durch Anzeige in hiesigen Blättern aufmerksam gemacht wird.

Art. 16.

Der Verein erbietet sich, einzelne Stücke oder Sammlungen, die seinen Zwecken angemessen sind, nach Uebereinkommen mit den Besitzern gegen billige Vergütung oder nach Umständen ohne Vergütung auf bestimmte oder unbestimmte Zeit aufzubewahren.

Art. 17.

Bei allen derartigen Anlässen wird der Vorstand des Vereins sich bemühen, von den Besitzern die Erlaubniss zur Abformung oder sonstiger Abbildung, sowie das Recht der Vervielfältigung zu erwirken, jedenfalls aber die ausgestellt gewesenen Werke in ein Verzeichniss nebst kurzer Beschreibung und Angabe des Besitzers einzutragen.

Art. 18.

Den Ausstellern wird durch Aufsicht und Feuerversicherung die möglichste Sicherheit geboten.

Organisation des Vereins.

Art. 19.

Mitglied des Vereins ist Jeder, der jährlich drei Gulden in die Vereinskasse bezahlt. Auch Damen können Mitglieder sein und alle Rechte derselben, mit Ausnahme der Stimme in Verwaltungssachen, geniessen.

Art. 20.

Jedes Mitglied hat das Recht:

a) in den Generalversammlungen mitzuberathen, Anträge zu stellen, abzustimmen, zu wählen und gewählt zu werden;

b) des freien Zutritts zu der Sammlung und den Ausstellungen des Vereins und kann unter Beobachtung der vom Vorstande darüber zu erlassenden Anordnungen von der Sammlung und Bibliothek des Vereins zu wissenschaftlichen Zwecken Gebrauch machen.

Originalstücke und seltenere Werke können in keinem Fall ausgeliehen werden.

c) Der Theilnahme an den Versammlungen zum Zwecke der Belehrung.

Art. 21.

Eine jährlich zu berufende Generalversammlung wählt den Vorstand, nimmt die Rechnungsablage des Vorstandes in Empfang, erwählt Revisoren, ertheilt die Entlastung, empfängt den Bericht des Vorstandes über seine Thätigkeit, über die Begebenheiten, Geschenke, Anschaffungen und den Stand des Vereins im Allgemeinen.

Art. 22.

Ausserdem muss der Beschluss einer Generalversammlung eingeholt werden, wenn es sich handelt:

a) um die Abänderung der Statuten;
b) um den Verkauf oder Tausch eines Originalstücks der Sammlung;
c) um die Verschmelzung mit einem andern Vereine;
d) um den Ankauf einer Liegenschaft.

Den letzen Fall ausgenommen, wobei die gesetzlichen Erfordernisse zu erfüllen sind, entscheidet einfache Stimmenmehrheit der Anwesenden.

Art. 23.

Die Generalversammlungen werden durch Bekanntmachung in zwei hiesigen Blättern eingeladen.

In Fällen des Art. 22 muss in der Bekanntmachung der Gegenstand der Berathung angegeben sein.

Art. 24.

Der Vorstand des Vereins besteht aus sieben Mitgliedern. Er wird jährlich neu gewählt; die abgehenden Mitglieder sind wieder wählbar.

Art. 25.

Der Vorstand wählt aus seiner Mitte:

einen Director;
einen Schriftführer;
einen Cassier;
einen Conservator.

Art. 26.

Ausserdem bildet sich ein Ausschuss der Mitglieder durch freiwilligen Eintritt derjenigen, die den Zwecken des Vereins ihre Thätigkeit widmen wollen. Diesem Ausschuss bleibt es überlassen, Sectionen für einzelne Thätigkeitszweige zu bilden.

Art. 27.

Der Vorstand wird Versammlungen der Vereinsglieder zu wissenschaftlichen Mittheilungen und Belehrungen veranlassen.

Art. 28.

Der Vorstand hat das Recht Ehrenmitglieder und correspondirende Mitglieder zu ernennen.

Art. 29.

Der Vorstand besorgt alle Geschäfte, die nicht der Generalversammlung selbst vorbehalten sind, schliesst Verträge, und im Namen des Vorstandes unterzeichnen der Director und der Schriftführer.

Art. 30.

Der Vorstand lässt durch zwei Mitglieder und den Conservator jährlich die Sammlung oder einzelne Theile derselben revidiren; die Revisoren erstatten darüber Bericht.

Art. 31.

Der Vorstand ernennt, wenn nöthig:
1) einen sachverständigen Mann, als Inspector,
2) die nöthigen Diener,
ertheilt ihnen Instruction und bestimmt die Gehalte.

Beendigung der Mitgliedschaft.

Art. 32.

Die Rechte der Mitgliedschaft erlöschen:
a) durch Austritt,
b) durch Ableben des Mitgliedes.

Art. 33.

Der Austritt kann nur am Ende des Kalenderjahres stattfinden und muss sechs Monate vorher dem Vorstand schriftlich angezeigt werden.

Art. 34.

Bei dem Ableben eines Mitgliedes wird der noch nicht erhobene Beitrag nicht nachgefordert, der bereits bezahlte Beitrag nicht zurückerstattet.

Art. 35.

Weder ein ausgetretenes Mitglied noch die Erben eines verstorbenen Mitgliedes haben irgend ein Eigenthumsrecht an dem Vermögen und den Sammlungen des Vereins.

Auflösung des Vereins.

Art. 36.

Die Auflösung des Vereins kann nur in einer Generalversammlung verhandelt werden. Zur Gültigkeit des Beschlusses gehört, dass die hier wohnenden Mitglieder mit Angabe des Zweckes durch zugesandte Einladungen zusammenberufen, dass mindestens die Hälfte derselben erschienen sind, und dass zwei Drittheile der Anwesenden dafür gestimmt haben.

Art. 37.

In dieser Versammlung ist zugleich über das Vermögen des Vereins (Sammlung, Bibliothek etc.) zu beschliessen.

Im Falle der Auflösung kann es entweder einem andern hier bestehenden Vereine oder der Stadt Frankfurt selbst zum Eigenthum übergeben werden, jedoch unter der Voraussetzung, dass es seiner Bestimmung gemäss erhalten werde.

Art. 38.

In keinem Falle darf das Vermögen unter die Mitglieder vertheilt werden.

Diese Bestimmung ist schlechthin unabänderlich.

Anlage II.

Mitglieder-Verzeichniss

(bis Ende 1857).

Antoni, Stadtamtmann Dr.
Arnd, C., in Hanau.
Baer, Anton.
Baer, Joseph.
Becker, J., Professor, Dr.
Benedix, Roderich.
Bergmann, Hauptmann.
Bernus, F. A.
Bernus, Senator.
Bethmann, M. von.
Biersack, Geheimerath.
Binding , Stadt-Ger.-Rath Dr.
Böhmer, Dr. Bibliothekar.
Bolongaro-Crevenna.
Bolongaro, C.
Bolongaro, Jos.
Boltog, Canzleirath Dr. von.
Braunfels, Dr.
Brentano, Frau A.
Brentano, Louis, Dr.
Brofft, L., jun.
Burkard, Dr.
Burnitz, H.
Clarus, Senator.
Classen, Director, Dr.
Cornill-d'Orville.
Creizenach, Th., Dr.
de Bary, Carl.
de Bary, Hch.
de Neufville-Humser, J.
Diehl-Thomas, Dr.
Dielmann, J.
Diether, F. W.

Ditmar, P. F.
Doctor, Leopold.
Eder, Senator Dr.
Erlanger. R., Consul
Essen, von
Euler, Dr.
Fellner, Senator.
Fester, Dr.
Finger, E.
Finger, G., des Raths.
Forsboom, Senator.
Geidner, Dr.
Getz, Löb Getz.
Getz, Max., Dr.
Glöckler, Dr.
Goldschmidt, Dr.
Goldschmidt, H. H.
Goldschmidt, J. u. S.
Gontard, A., Frau.
Gontard, Moritz.
Graubner, L.
Grüneberg, F.
Gwinner, Senator, Dr.
Haeberlin, Dr.
Hammeran, F.
Harnier, Senator u. Syndicus, Dr.
Harnier, E., Dr.
Hartmann, Dr.
Hauck, C.
Haueisen, Dr.
Hauser, R. C.
Hecker, Oberstaatsanwalt.
Helfenstein, Dr.

Helm, Wm.
Henrich, Stadtbaumeister.
Hessenberg, Senator, Dr.
Hildebrandt, H. H.
Hofmann-d'Orville.
Hofsess, Gg.
Jaeger, Louis.
Janssen, Professor Dr.
Jeanrenaud, App.-Ger.-Rath Dr.
Jeidels, S. M.
Jeidels, P., Dr.
Jügel, August.
Jügel, Carl.
Jügel, Franz.
Jungé, F. A.
Kelchner, E.
Keller, Hch.
Kellner, Dr. F.
Kessler, Hch.
Kirchner, W.
Klein, Philipp.
Kloss, Dr.
Kloss, Senator, Dr.
Klotz, C.
Koch, Aug.
Kohlbacher, L.
Kohn-Speyer, S.
Königswarter, M.
Könitzer, C., Vater.
Kuchen, Th.
Küchler, C.
Kugler, App.-Ger.-Rath Dr.
Kriegk, Professor.
Lindheimer, G.
List, P. F.
Listmann, Gg.
Loewenstein, Gebr.
Lorey, Dr.
Lucae, Dr. F.
Ludwig, F. W.
Maas, Dr.
Mack, des Raths.
Mai, M.
Manskopf, A.

Matti, Dr.
Mettenheimer, Dr.
Meyer, H. von, Dr.
Milani, C. A.
Muck, Consul.
Mumm, Stadt-Ger.-Rath Dr.
Mumm, Herm.
Mylius, J.
Nachmann, J.
Nestle, Jul.
Oehler, Gustav.
Ohlenschlager, Senior, Dr.
Oppenheim, Professor.
Osterrieth, A. H.
Osterrieth-Holberg, Aug.
Osterrieth, Aug., jun.
Oven, Senator Dr. v.
Pahüd, Friedr.
Paldamus, Director Dr.
Passavant, J. D.
Passavant, Rob.
Pfarr, Stadt-Ger.-Director Dr.
Pfefferkorn, Dr.
Prestel, F.
Ravenstein, Aug.
Reichard, C.
Reiffenstein, C. T.
Reinganum, Dr.
Renck, J. W.
Reiss, Jacqs.
Reiss, Dr.
Reuhl, G.
Reuss, Senator Dr.
Rigaud, J., Geh. Finanzrath.
Rinz, Jac.
Römer-Büchner, Dr.
Rössler, Münzwardein.
Rothschild, M. C. von.
Rothschild, W. C. von.
Rüppel, Dr.
Rütten, Jos.
Rumpf, Dr. C.
Rumpf F., sen., Archit.
Rumpf F., jun., Archit.

2*

Sang, Fr.
Sarg, F., A.
Scheib, L.
Schlemmer, Dr.
Schmidt-Polex.
Schnider, Dr.
Schömann, C.
Schönling, Aug.
Schürmann, Ed.
Schwarzschild, E.
Seufferheld, J. G.
Sömmering, Hofrath Dr.
Sömmering, C.
Sommer, J. W.
Souchay, Dr.
Spiess, Dr.

Steinle, Professor Ed.
St. George, G. von
Steitz, Dr., Pfarrer.
Stern, Dr.
Strahlendorf, von.
Streng, Johs.
Usener, Senator und Syndicus, Dr.
Varrentrapp, Dr. G.
Voelcker, Th.
Wannenmann, P.
Weiller, Abr.
Weissor, J. C.
Wittekind, D.
Wittemann aus Geisenheim.
Wülcker-Schott.
Ziegler, Otto.

Nachtrag von 1858.

Baruch, Rentier aus Bonn.
Drescher, J. E., Dr. phil.
Ehinger, August.

von Leonbardi, L., Dr.
Sprückmann, Albert.
Stricker, W., Dr. med.

II. Thätigkeit des Ausschusses.

Die erste und nächste Thätigkeit des Ausschusses der an
den Arbeiten des Vereins sich näher betheiligenden Mitglieder,
welche sich bis jetzt zu 8 regelmässig abgehaltenen Sitzungen
am 13. und 27. November, 11. und 30. December 1857, 15. und
29. Januar, 12. und 26. Februar 1858 vereinigten, musste, den
beiden Hauptzwecken des Vereins entsprechend, auf die Bildung
zweier Sectionen, einer mehr literarischen und einer mehr archäologischen im engeren Sinne des Wortes, gerichtet sein. Während der letzteren die Erwerbung, Aufsuchung, Ausstellung und
Erklärung der zunächst dem heimathlichen Boden angehörigen
Alterthümer und Kunstdenkmäler, sowie die Begründung eines
Vereinsmuseums anheimgegeben wurde, wird die erstere theils
durch den Anbau des Gebiets der Alterthumskunde überhaupt,
theils durch besondere Pflege der vaterstädtischen Geschichte
und Alterthümer die ihr gestellte Aufgabe nach Kräften zu lösen
versuchen. In letzterem Bezuge wird die literarische Section
auf Aufsuchung, Sammlung und Bearbeitung ebensowohl der
einheimischen, als der oft noch wichtigeren auswärtigen
Quellen und Materialien zur Geschichte Frankfurts ihr Augen-
merk richten, ausserdem aber auch einzelne streitige Punkte
und Parthien derselben in selbständige Behandlung nehmen, oder
bezügliche Forschungen unterstützen, endlich durch Stellung
besonders weitgreifender bestimmter Fragen die historisch-anti-
quarische Untersuchung anregen und herausfordern. Zur Um-
spannung des ganzen vaterstädtischen Geschichtsgebietes und
zur planmässigen Ueberschau der in demselben zu beachtenden
Parthien und Richtungen ist daher von der Section ein besonderer Plan festgestellt worden, welcher für die Hauptperioden
der inneren Geschichte der Stadt, sowie ihrer nähern und weitern Umgegend Stoff und Ziel der Betrachtung abzugrenzen
versucht, ohne auch die geschichtlichen Beziehungen Frankfurts

nach Aussen ausser Acht zu lassen. — Ueberblickt man die
bisherigen Vorträge, Mittheilungen und Arbeiten des Ausschusses
mit Rücksicht auf diesen Plan, so sind für die Urgeschichte
(Römische Zeit) der unteren Maingegend einestheils die
inzwischen in seiner „Geschichte der Provinz Hanau"
(Hanau 1858), auf welches Werk demnächst zurückzukommen
vorbehalten bleibt, veröffentlichten Forschungen des Hrn. Land-
baumeisters C. Arnd über den engern und weitern Pfahlgraben,
anderntheils die von Hrn. Prof. Dr. Becker vorgetragenen
Ansichten über die Bedeutung der Bezeichnungen Mattiaci
und Taunenses, der romanisirten Urbewohner zwischen Rhein,
Main und Taunus, sowie über Begriff und Umfang der nach
ihnen benannten beiden civitates, und die Einordnung der mili-
tärischen und bürgerlichen Niederlassungen der Römer und
romanisirten Urbevölkerung in dieselben anzuführen. — Noch
umfangreicher waren die dem mittelalterlichen Frankfurt zu-
gewandten Bemühungen. Aus dem reichen von ihm angesammelten
Schatze von Abbildungen der durch Alter, Bauart, Sculpturen
oder sonst bedeutendsten Gebäude Frankfurts gab Hr. Vereins-
conservator Maler Reiffenstein über das unter dem Namen
„Salzhaus" bekannte durch seine Holzschnitzereien merkwürdige
Eckhaus des Römerbergs und der Wedelgasse (Lit. 1. No. 156)
interessante Mittheilungen, während andererseits durch die unter
Vortrag des Hrn. Pf. Dr. Steitz gemeinsam begonnene
Lectüre und Erläuterung der mit des Canonikus Batton Bemerkungen vorhandenen Topographie des Baldemarus von Peterweil die Gestalt und Bestandtheile der Stadt im Mittelalter in
umfassenderer Weise und zwar zum Zwecke einer entsprechenden
Publication in Betracht genommen wurden, welche noch als
besondere „Beilage" diesen „Mittheilungen" beigegeben werden
konnte. Auf dem kirchlichen Gebiete wurde die Streitfrage
über die angebliche Marien- und die Salvatorscapelle Ludwigs
des Deutschen durch eine gemeinsame Erörterung der Quell-
stellen einem allseitig befriedigenden Resultate zugeführt, welches in den nächsten „Mittheilungen" vorgelegt werden wird.
Demselben Gebiete gehört auch die Rechtfertigung der bisher
giltigen Ansicht über den geistlichen Charakter der an dem
Bartholomäusstifte verordneten 12 Clerici an, welche Hr. Dr.

Euler einer in neuester Zeit aufgestellten Erklärung derselben
als Benedictiner entgegenstellte. Einer der bemerkenswerthesten
Epochen der innern Geschichte und Verfassungsentwicklung
gehören die beiden unten (Miscellen 1 und 2) mitgetheilten
interessanten Beiträge zu der durch Vincentius Fettmilch 1612
hervorgerufenen Bewegung an. — Zu der neuern Geschichte
Frankfurts gab Hr. Dr. Stricker einen werthvollen Beitrag
durch Mittheilung einer Reihe von Briefen des Stadtschultheissen
von Günderode, welche dieser als Mitglied der bekannten wegen
der Custine'schen Contribution 1792 nach Paris geschickten
Deputation an seinen Freund, Senior Hufnagel, gerichtet
hatte. — Nicht mindere Rücksicht und Förderung wurde auch
der Culturgeschichte unserer Stadt zu Theil. Die interessanten Mittheilungen des Hrn. Dr. Creizenach zur Kenntniss
des frankfurter Dialektes und der Gassenpoesie aus dem seltenen
und nicht unwichtigen Buche „Der Maynhinkler Sack" 1612
(vgl. Gervinus Lit. II. S. 305 der 4. Ausgabe) und aus Radlofs
„Mustersaal", sowie über mittelalterliche Fechtschulen, insbesondere über die in Frankfurt im 14. Jahrhundert bestandene der
Marcusbrüder oder Meister des langen Schwertes im Löwenberg;
die von Hrn. Dr. Euler gegebenen numismatischen Beiträge
(Miscellen 3), und dessen Vortrag über den Layenspiegel als
Probe der Art und Weise der Einführung des neuen Process-
verfahrens in Deutschland, sowie die von Hrn. Senator Gwinner über zwei Bilder im Sitzungszimmer des allgemeinen Almosenkastens zusammengestellten Bemerkungen (Miscellen 5)
liefern, wenn auch kleine, doch schätzenswerthe Beiträge zur
Aufhellung vaterstädtischer Vergangenheit, wie der von Hrn.
E. Kelchner bereits in Aussicht gestellte Vortrag über den
Frankfurter Buchhandel nicht minder Interessantes und Beleh-
rendes erwarten lässt. Besondere Erwähnung in kulturhistorischer
Hinsicht verdient auch noch ein von Hrn. Senator Dr. Gwinner
mitgetheilter charakteristischer Tagesbefehl Ludwigs IX., Land-
grafen von Hessen. In gleicher Weise hatte sich auch das
Biographische ebenso gediegener als interessanter Beiträge
zu erfreuen. Vor allen war Frankfurts grösster Sohn Gœthe
und seine Familie der Gegenstand genealogischer Bemerkungen
in dem Vortrage des Hrn. Dr. Burkard bei der Generalver-

sammlung vom 30. Octbr. und nicht minder wurde sein und seiner frankfurter Genossen jugendliches Dichten und Trachten nach Mittheilungen aus einer gleichzeitig moralischen Wochenschrift „Der Unsichtbare" von Hrn. Dr. Croizenach lebhaft vor Augen gestellt. — Nicht weniger interessant in ihrer Art war auch die von Hrn. Pf. Dr. Steitz verfasste und vorgetragene Biographie des Schöffen Johann Friedrich von Meyer, welche besonders dessen biblische und philosophische Studien in's Auge fasste und die Bedeutung seiner theosophischen Richtung hervorhob. Ueberraschende Einblicke in die Geschicke der Menschen und Namen gewähren die unten (Miscellen 4) mitgetheilten Nachweise über den Zusammenhang der Familien Malaparte (Malapert) und Bonaparte von Hrn. Dr. Römer-Büchner. Schliesslich möge noch auf die zum Drucke vorbereiteten Studien des Hrn. Directors Dr. Classen über seinen einstigen Amtsvorgänger, den Gymnasialrektor Molzer (Micyllus) und die im Auftrage des Vereins gemachten, leider nur von geringem Erfolge begleiteten, Versuche des Hrn. Dr. Burkard, Näheres über Mozarts Aufenthalt dahier im Jahre 1790 aus zuverlässigen Quellen zu ermitteln, hingewiesen werden.

III. Sammlungen.

A. Alterthümer.

(Archäologische Section.)

Die Sammlung von Alterthümern, deren Obhut, Vermehrung und Aufstellung zunächst der unter dem Vorsitze des Vereinsconservators, Maler C. T. Reiffenstein gebildeten archäologischen Section anempfohlen ist, wird in dem schon bezeichneten Locale auf dem Rossmarkte Nr. 18 aufbewahrt und ist Mittwochs und Samstags von 12—1 Uhr der Anschauung zugänglich. Sie besteht jetzt theils aus etwa 300 verschiedenen alterthümlichen Gegenständen verschiedener Art, welche zeitweise von ihren Eigenthümern zur Förderung der Vereinszwecke so überlassen worden sind, dass ihre Zurücknahme beliebig vorbehalten blieb. Indem der Verein den gütigen Besitzern seinen ergebensten Dank dafür abstattet, kann er im Interesse der vaterstädtischen Geschichte und der Alterthumskunde überhaupt nicht umhin, den lebhaften Wunsch auszusprechen, dass recht viele Mitglieder des Vereins und Alterthumsfreunde sich veranlasst fühlen möchten, die in ihrem Besitze befindlichen Alterthümer dem Vereine zum Behufe einer zeitweiligen Ausstellung freundlichst anzuvertrauen und sich nicht durch die bereits öfter vernommene Meinung abhalten zu lassen, ihre antiquarischen Besitzthümer seien zu dem bezeichneten Zwecke nicht bedeutend genug. Rühmend und dankend muss insbesondere hervorgehoben werden, dass löbliche Kirchen- und Friedhofs-Commission bereits 3 Bronceplatten von 2 Grabdenkmälern des St. Petri-Kirchhof zur Ausstellung anzuvertrauen so gefällig war, deren nähere Beschreibung demnächst erfolgen soll. Ausserdem aber hatte sich das zu gründende Vereinsmuseum schon einer Reihe namhafter Geschenke zu erfreuen, deren Verzeichniss hier (s. Anlage III) beigegeben ist und für welche wir den gütigen und patriotischen Gebern hiermit den Dank des Vereins öffentlich abstatten. Ueberdies ist auch die Anschaffung einer Sammlung von Abgüssen der Kaisersiegel von dem Vorstande für das Vereinsmuseum beschlossen worden.

Geschenke.

Von Herrn Senator Dr. **Usener:**
Eine Ritterrüstung.

Von Herrn **Chr. Reichard:**
Ein blau glasirter Weinkrug.
Ein Paar Damenschuhe.

Von Herrn Senator Dr. **Gwinner:**
Zwölf Ritter-Pfeile von 1435.
Ein Plan von Frankfurt von 1552,
in 10 Blättern und Scenen aus der
damaligen Belagerung.

Von Herrn Hauptmann
Bergmann:
Vier Thongefässe aus wendischen
Gräbern aus Lübben.

Von Herrn **Theodor Völcker:**
Ein rothbraunes Töpfchen, gefun-
den beim Abbruch der 1517 erbauten
Häuser, Eck vom Römerberg 2 u. 3.
Zehn Fayence-Kacheln mit blauen
Figuren, eben daher.

Von Herrn **August Holtzwart:**
Ein Gefäss von schwarzem Thon, alt-
deutsch, gefunden 8 Schuh unter dem
Pflaster des Römerbergs.

Von Herrn **A. H. Osterrieth:**
Ein Bild, die Zeil 1792, nach der
Bestürmung der Stadt.

Ein Bild, der Gasthof zum rothen
Haus Anno 1740.
Kugeln und Bomben aus Stein, gefunden Bockenheimer Landstrasse,
5 Schuh tief.
Ein Schluss-Stein mit dem Frankfurter Adler, aus den Hallen des ehemaligen Heiligen-Geist-Hospitals.

Von Herrn **J. P. Scharff:**
Ein Diarium der Raths-Wahlen von
1757 an bis dato.

Von Herren **Gebr. Baer:**
Ein Kupferstich des Rabbiner
Naphtali Cohen, von dem grossen
Brand 1711.

Von Herrn **J. W. Sommer:**
Ein Bildniss von Dr. Senckenberg,
Gyps-Abdruck.

Von Herrn Architekt **Klein:**
Eine steinerne Console mit ver-
goldeten Zierrathen aus der 1840 abgebrochenen Heiligen-Geist-Kirche.
Ein Maulthier-Hufeisen, gefunden
17 Fuss unter dem Pflaster an der
Mehlwaage.

Von Herrn **Joseph Baer:**
Zwei Bücher:
Engelmann, der erneuerte
Merian.
Fichard, Wetteravia.

Von Herrn **M. H. Hildebrand;**
Eine Beschreibung des Christen-Brandes 1729, verfasst von dem Schenker.
Vier Bilder-Rahmen, und besorgte der Schenker unentgeldlich das Einrahmen von 30 Bildern.
Ein Porcelain-Teller, vom König Gustav IV. von Schweden herrührend.

Von Herrn **Stein** von Cronberg:
Eine alte Silbermünze.
Eine Schnalle, mittelalterlich, von ungewöhnlicher Form.
Ein Radflintenschloss.

Von Herrn
Dr. **Römer-Büchner;**
Sämmtliche Kupferstiche seines Werkes: Die Wahl und Krönung der deutschen Kaiser.
Siegelabdrücke der goldenen Bulle.
Ein Kupferstich, die Fahne der Gesellschaft Alt-Limburg.

Von Herrn **C. F. List:**
Ein Hirschfänger mit eingelegter Klinge.

Von Herrn **C. T. Reiffenstein;**
Ein Radflintenschloss, gravirt.

Von Herrn **F. A. Lindt:**
Ein Silberthaler, Georg, Markgraf von Brandenburg, Anno 1589.
Ein Geldstück von Sigismund III. König von Polen.
Fünf kleine Silbermünzen.

Von Herrn **S. Schwelm:**
Die Frankfurter Stadt-Reformation, gedruckt 1578 bei Sigmund Feyerabend.

Von Herrn **Carl Jügel**
nebst einer von demselben verfassten Zueignung:
Ein Kästchen, überschrieben
Reliquien der Frau Rath Göthe,
enthaltend: eine Haarlocke der FrauRath, deren Spitzen-Klöppel, ein Döschen von Elfenbein, Taschenbuch für 1798, Prachtausgabe von Hermann und Dorothea, mit ausgezeichnet schönem Titelblatt, die Königlich Preussische Familie vorstellend, gest. von Dan. Chodowiecki.

B. Bibliothek.

Das Bedürfniss einer besondern Vereinsbibliothek veran-
lasste schon in der Ausschusssitzung vom 11. December v. J.
zu dem Beschlusse, zunächst durch Erwerbung der insbesondere
zur Geschichte Frankfurts unumgänglichen Quellenwerke eine
Büchersammlung zu beginnen, deren Vergrösserung einestheils
durch die beim Erscheinen des nächsten Heftes des „Archivs
für Frankfurts Geschichte und Kunst" einzuleitende Uebertragung
des als Eigenthum des Vereins für Frankfurts Geschichte und
Kunst angesammelten Bücher- und Vereinsschriftenvorrathes,
anderntheils durch Vereinsschriftenaustausch mit auswärtigen
Alterthumsvereinen zu vergrössern in Aussicht steht, zumal da
bereits mit den Vereinen zu Hanau, Wiesbaden und Luxemburg
die wünschenswerthe Verbindung eingeleitet ist. Die bis jetzt
angeschafften Werke sind: 1) Lersner's Chronik von Frankfurt
1706. 2 Thle. 2) Kirchner's Geschichte der Stadt Frankfurt a. M.
1807. 2 Thle. 3) J. C. von Fichard genannt Baur von Eyssenbeck,
Entstehung der Reichsstadt Frankfurt a. M. 1819. 1 Bd. 4) H. S.
Hüsgen, Nachrichten von frankfurter Künstlern 1780. 1 Bd.
5) J. A. Moritz, Staatsverfassung der Reichsstadt Frankfurt
1786. 2 Thle.

IV. Miscellen.

1.

Die Ablieferung Fettmilch's nach Rüsselsheim im Jahre 1612 durch den Zeugherrn Baur von Eysseneck.

Nach einem eigenhändigen Briefe des letzteren. Mitgetheilt von Herrn Dr. theol. Steitz.

Nachdem ich mich bei mir selbsten verobligiret, meinen Kopf nicht ruhig zu legen, ich habe denn Fettmilch seine Gewalt gedämpft, und weil sich die ganze Stadt vor seinem Angesicht entsetzet — ich geschweige, dass einer das Herz gehabt, ihn anzugreifen und zu gefänglicher Haft zu bringen — derowegen und weil ich je und allwegen gern und viel lieber gesehen, wenn man einen Ochsen an acht Seilen und mit etwas Gefahr zur Schlacht führen und bringen müssen, denn sonst zweihundert, die nur an einem Seil gefolget, ist mein Muth nur gegen diesen wilden Fettmilch, seines Beistands und besorgend Gefahr unerachtet, je länger je mehr gewachsen; inmaassen mir denn mein Vornehmen und Verrichten Gottlob glücklich abgegangen. Derweil ichs denn mit Gottes Hilf und Beistand soweit gebracht, dass er in Haften kommen, habe ich mit guter Anstellung wahrlich nichts erwinden lassen, die Zeit aber keine Nacht geschlafen, sondern alle Zeit selbst gerundet, und dass nichts Gefährliches erpracticirt werde, fleiss- und sorgfältig mich bearbeitet; derowegen nicht unterlassen zu thun, wie jener Soldat gethan, so einem Türken den Kopf abgeschlagen, ihm in Eil den Säbel bloss genommen, aber der Scheid vergessen, welcher, als er sich besonnen, der vorig ausgestandenen Gefahr nochmals unterzogen und die Scheid auch geholet. Darum vergangenen Donnerstag zu Rath stark angehalten, dieweil die Ungehorsamen mit dem Handwerksgesind sich ausdrücklich verlauten lassen, Fettmilch wiederum ledig zu machen, welches ein ehrbarer Rath mir hierin nach meinem Gutachten Alles ins

Werk zu setzen vollen Gewalt übergeben, dass ich mir dann
hart hab angelegen sein lassen; Freitags Morgens früh um 9
Uhr alle in Quartier verordnete Capitaine und Befehlsleute in
den Römer beschieden, denen im Beisein beider Herrn Bürgermeister vorgehalten, wie unverantwortlich es der ganzen Bürgerschaft fallen werde, dass sie ihnen Quartiere zu geben oder
auf Wenigste nicht abgewehrt, dass mir lose Leute den gefangenen Fettmilch mit Aufschlagung zweier Thüren mit Gewalt
wieder aus dem Thurm genommen und ledig gemacht; und weil
dann auch nächst abgewichenen Rathstag mir abermals Befehl
geschehen, mit allem meinem besten Anstellen es dahin zu richten, wie der Herrn Commissariorum kraft tragender Commission
Begehr mit der Lieferung unterthänigst und unterthäniger Folge
geschehen möge, wollte sie derowegen ihrer Eid und Pflichten
erinnert und gebeten haben, ihre Quartiere in Ordnung zu
richten, die Gassen schliessen und Niemand (ausserhalb des
Raths Angehörige) ein oder auslassen, sollten sich hierauf er-
klären; denn würden sie solches nicht thun wollen, so würde
der Ungehorsam und alles Uebel, so der Stadt zustehen möchte,
auf Ihnen beruhen. Und wiewohl sie sich anfangs sehr ange-
sehen und gar keine Lusten gehabt, so haben sie jedoch um
der scharfen Erinnerung und vor Augen gestellte Auflag willen,
anders nicht gekonnt, denn zu verwilligen, auf welche ihre
Erklärung ich von allen Capitains an Eides Statt Handgelübde
begehrt, dass sie ihre Erklärung mit Treuen und ohne Gefährde
verrichten wollten, welches dann geschehen. Darauf habe ich
die Soldaten und etliche junge Gesellen zu mir genommen und
die Herrn Fettmilchen und Schopffen auf eine Kutschen, so ich
bestellt, lassen aufsitzen, welche sich dann, weil sie keine Hülfe
gesehen, gutwillig ergeben; im Aufsitzen hat Fettmilch mich
gebeten mit demüthigen Worten, deren ich an ihm sonst gar
ungewohnt, angerufen für sie bei den Herrn Commissarien, dass
sie zum rechtlichen Process und rechtlicher Vertheidigung ihrer
Unschuld gelangen möchten, intercediren, auch mich doch seiner armen Weib und Kinder annehmen wollte, dessen ich ihn
ihm keine fernere Beschwerung zu machen angemahnt und ver-
sprochen mein Bestes zu thun. Sind also zur Galgenpforten
hinausgezogen und auf den Gutenleuthof, allda der Schultheiss

zu Schwanheim mit einem Nachen und Volk aufgewartet, geliefert, welcher sie alsbald in Eisen geschlagen, das ihnen gar
nicht schmecken wollte; ist aber doch gar beherzt geblieben
und gesagt, innerhalb acht Tag müsst Herr Georg Eyer auch
hernach und sonst noch 118. Hat ein ganz Kistlein voll Schreiben mitgenommen, womit er Einem und Andern noch hässlich
überreissen will. Ich sehe grüngelb aus, also sehr ist mir
diese Sache angelegen, nun will ich wieder ruhen und mir
einen guten Muth machen. Gott befohlen! Dieses Schreiben
wollest, nachdem du es verlesen, meinem gnädigen Herrn, dem
Grafen von Mansfeld, zeigen und demnach förderlich als ehest
dem Herrn Marschall übersenden, es ist mir unmöglich, ihm
diessmal selbst zu schreiben, denn ich vor den Herrn Bürgermeistern keine Ruhe hab. Datum Frankfurt den 3ten 10^{bris} A. 1614.
D. V. W.
J. M. Baur.
Herrn Hieronymus Dreuteln zu Händen
Darmstadt.

Obiger Brief, der ein getreues Bild von der Persönlichkeit des
damaligen Zeugherrn, Johann Martin Baur auch Bauer, späteren
Stadtschultheisen Baur von Eysseneck, giebt, ist dem XXVII Theil
der in dem Staatsarchive zu Darmstadt befindlichen kaiserlichen
Commissionsacten über die bürgerlichen Streitigkeiten zu Frankfurt entnommen. Dem Wunsche der Redactionscommission
dieser Blätter entsprechend, stellt der Mittheiler einige Notizen
über den Briefsteller zusammen, die keinen Anspruch auf Neu-
heit machen, wohl aber der Bequemlichkeit der Leser freund-
lich zu Hülfe kommen sollen. Sein Vater Martin Baur (geb.
am 17. Juni 1535) kam in der zweiten Hälfte des 16. Jahrhunderts von Wien, wo er Buchdrucker gewesen war, nach Frankfurt und scheint hier anfangs sein Gewerbe fortgesetzt zu haben,
später wurde er als Schreiber im Weissfrauenkloster angestellt,
in welcher Eigenschaft wir ihn zum erstenmal 1573 erwähnt
finden. Er war dreimal verheirathet, in erster Ehe mit Anna
Fischer aus Hessen, in zweiter (seit 1573) mit Eva Krug aus
Hanau, in dritter (seit 1575) mit Elisabeth Wolf von Rosenbach,
der Wittwe des Junkers Friedrich Scheid. Da der Vater der
letzteren, Bernhard von Rosenbach, mit Ottilia Speyer genannt

Eysseneck, der letzten ihres Geschlechtes, vermählt gewesen war, so nahmen nachmals Baur's Söhne bei ihrer Erhebung in den Adelstand den Namen Eysseneck von ihrer Grossmutter an. Martin starb 1598; seine Frau folgte ihm 1611. Ihrer Ehe waren drei Söhne entsprossen: der älteste Christian Baur von Eysseneck war Fürstl. Bambergischer und Würzburgischer Rath; der jüngste Jacob Baur von Eysseneck schlug die militärische Laufbahn ein, 1601 half er das von den Türken vertheidigte Stuhl-Weissenburg erobern, und da seine Fahne zuerst in die Stadt drang, hat er sie später dem Zeughause seiner Vaterstadt geschenkt; 1613 wurde er Pfalz-Neuburgischer Obrist Wachtmeister, 1619 Fürstlich Bambergischer und Würzburgischer Oberst. Mit den Truppen der Ligue kämpfte er am 8. November 1620 in der Schlacht am weissen Berg und nahm darauf die beiden Städte Daus und Glattau im Sturme. Schon 1621 fiel er in dem Treffen zu Weidhausen gegen die Mansfeldischen. Seine Leiche wurde nach Würzburg gebracht und im Dome bestattet. (Vergl. von Klettenbergs historischen Bericht über die Frankfurter Buchdrucker 213—215). Der mittlere Sohn Martins, unser Johann Martin, von dessen Jugend wir nur sehr dürftige Nachrichten besitzen, war 1577 geboren und bekleidete anfangs die Stelle eines Kastenausreiters. 1597 verehelichte er sich mit Katharina Elisabetha Heckbacher, Wittwe von Kaspar Braun und wurde dadurch Genosse der Gesellschaft Frauenstein. 1598 leistete er den Bürgereid. 1599 finden wir ihn unter dem Namen Johann Martin Agricola als Keller des Weisfrauenklosters erwähnt. Im Jahre 1612 brachen die bürgerlichen Unruhen in Frankfurt aus und eröffneten dem jungen thatkräftigen Mann eine glänzende Laufbahn. Schon am 18. September dieses Jahres wurde zwischen dem Rathe und der Bürgerschaft die Uebereinkunft getroffen, dass noch 18 Personen dem Rathe zugesetzt würden; durch den Bürgervertrag vom 24. December wurde diese Uebereinkunft bestätigt (Art. 2) und am 29. December wurden der Bestimmung gemäss von Seiten der Bürgerschaft 36 Candidaten dem Rathe präsentirt und von demselben 18 erwählt. (Vgl. Diarium Historicum. S. 67. 125.) Unter den Gewählten befand sich auch Joh. Martin Baur. Durch den Bürgervertrag wurden die Unruhen nicht beigelegt; nur die

Gemässigten und Besonnenen, unter welche auch er gehörte,
sahen ihre Forderungen bewilligt, ihren Beschwerden abgeholfen;
die Zünfte unter dem Einflusse Fettmilchs setzten ihren Wider-
stand fort. Besonders im Jahre 1614 nahm dieser einen be-
drohlichen Charakter an*): die höchsten Behörden wurden von
Fettmilch und seinen Consorten behandelt, als wären sie nur
dazu da, den Muthwillen des Pöbels zu erdulden; von Donnerstag
5. bis Sonntag 8. Mai 1614 wurden die ältern Rathsglieder in
der Rathsstube bei starker Heizung gefangen gehalten und nicht
eher freigelassen, als bis sie auf ihre Rathsstellen verzichtet
hatten; am 22. August wurde die Judengasse geplündert und
folgenden Tags die Juden, denen Fettmilch förmlich den
Schutz aufgekündigt hatte, zu Schiffe aus der Stadt gebracht; man erfrechte sich sogar die kaiserlichen Subdelegirten zu verhaften und ihnen eine Unschuldserklärung für
die Plünderer abzuzwingen. Solche Vorfälle machten endlich
ein kräftiges Einschreiten unerlässlich: am 28. Sept. 1614
wurde durch einen kaiserlichen Herold die Achtserklärung
über Vincenz Fettmilch, Lebküchler, Conrad Gerngross, Schrei-
ner, und Conrad Schopp, Schneider, verkündigt, und am 29.
Sept. begehrten die beiden kaiserlichen Commissäre Johann

---

*) Schon am 2. Mai 1614 ging es bei der Bürgermeisterwahl tumul-
tuarisch zu, indem Fettmilch im Namen des Ausschusses der Zünfte
allerlei Forderungen an die neugewählten Bürgermeister stellte. Diese
waren D. Johann Hartmann Beyer (einer der 18er) und Johann Ulrich
von Neuhauss. Darnach ist zu berichtigen Römer-Büchner, Entwicklung
der Stadtverfassung S. 114, der diese Wahl schon mit den Ereignissen
des Jahres 1613 zusammenwirft und somit um ein Jahr verfrüht. Aller-
dings hat am 1. Mai 1613 der Ausschuss durch Fettmilch die Forderung
gestellt, es solle kein Limburger gewählt werden, aber damals fiel die
Wahl nicht auf Beyer und Neuhauss, sondern auf Jacob am Steg und den
18er Christoph Andreas Köhler. Wenn der Ausschuss schon am 22. April
die billige Forderung stellte, es möge einer der 18er zum Bürgermeisteramt,
die übrigen 17 auf die übrigen Aemter mit den Alten vertheilt werden,
so setzt diese Forderung keineswegs voraus, dass der alte Rath die neuen
Glieder bisher absichtlich zurückgesetzt habe (sie waren ja erst am 21.
December eingetreten und vor dem 1. Mai wurden die Aemter nicht neu
besetzt), sondern zeigt nur wie misstrauisch die Volkspartei gegen den
Rath gesinnt war.

3

Schweikhard Churfürst von Mainz und Landgraf Ludwig von Hessen Darmstadt die Auslieferung der Aechter. Am 24. October übersandten die Commissäre eine abermalige eventuelle Achtserklärung, welche der Bürgerschaft eine Frist von 8 Tagen gestattete, binnen welcher sie sich entweder kaiserlicher Majestät zu unterwerfen oder die Execution zu gewärtigen habe. Zwar stellte sich einer der Aechter Gerngross freiwillig (am 22. Nov.), zwar erklärten die meisten Zünfte, wenn auch mehr aus Furcht, als aus freier Ueberzeugung ihre Unterwerfung, aber die Entschlossensten der Aufstandspartei, Vincenz Fettmilch und sein Anhang, beharrten noch immer auf ihrem Trotz; immer dringender wurden die Warnungsschreiben, welche die benachbarten Reichsstände an den Rath richteten, und dennoch wagten die friedliebenden Bürger, durch eine kleine Zahl verzweifelter Menschen terrorisirt, nicht den Schritt, der die drohende Gefahr von der Stadt entfernte: da fasste Johann Martin Baur, damals Zeugherr, den hochherzigen Entschluss der Retter seiner Vaterstadt zu werden: als Fettmilch am 27. November bei Theobald Stauch in der Gelnhäusergasse zu Mittag ass, trat der Zeugherr mit dem Profossen und einigen Söldnern herein: trotz der verzweifelten Gegenwehr, die Fettmilch und sein Anhang mit Dolchen und Feuergewehren leistete, wurde er gebunden auf die Bornheimerpforte gebracht; Baur hatte ihn mit starken Armen umklammert und bewältigt; der Profoss war tödtlich, einige andere wenigstens schmerzlich verwundet. Von den Fenstern seines Kerkers rief der Gefangene laut um Hülfe; bald sammelten sich die Handwerksbursche, stürmten den Thurm und geleiteten den Befreiten im Triumph nach Hause; als sein Gevatter Joh. Adolf Cantor, Mitglied des sogenannten Interimsrathes, sich zu ihm begab und ihn ermahnte sich und die Seinen zu bedenken, drückte er auf ihn eine Pistole ab, so dass der Bedrohte nur mit Lebensgefahr entkam. Aber Joh. Martin Baur blieb nicht auf halbem Wege stehen; er mahnte am Montag frühe die Bürgerschaft sich zu rüsten, liess die Thore schliessen, die Gassen mit Ketten versperren und zog dann mit den gewaffneten Zünften und den Söldnern von dem Römer durch die Schnurgasse und den Trierischen Hof vor Fettmilch's Haus, in welchem dieser mit seinem Anhang sich förmlich vorschanzt hatte — ein Gerücht war verbreitet, es seien zwei Tonnen Pulvers darin verwahret. Nachdem die Aechter vergeblich zur Uebergabe aufgefordert worden waren, erhielten die Zimmerleute den Auftrag die Pfosten einzuschlagen und eine Abtheilung Söldner wurde beordert die Geschütze aus dem Zeughause zu holen: im Giebelfenster zeigten sich einige Aufständige mit Musketen; Fettmilch hatte einen Mörser mit Kugeln und Pulver gefüllt und mit einem Zündloch versehen vor der Treppe aufgepflanzt; allein der Erfolg bewies, dass man damit nur einschüchtern wollte: kaum hatten zwei Bürger einige Flintenschüsse auf das Haus gerichtet, so ergaben sich Fettmilch und Schopp und wurden auf den Katharinenthurm zur Haft gebracht. Sein Weib und seine Kinder wurden in das Spital geführt, das Haus auf Befehl des Rathes geschlossen. Bis zum Freitag wurden die Aechter auf dem Katharinenthurm von einer starken Bürgerabtheilung bei vorgezogenen Ketten und Nachts bei helleuchtenden Feuerpfannen bewacht, am 2. December erfolgte die Auslieferung an den Schultheiss zu Schwanheim bei dem Gutleuthof, der sie nach Rüsselsheim geleitete. Baur's Verdienst fand bei allen Verständigen Anerkennung: vom Rath wurde ihm ein silberner Becher im Werthe von 100 Rthlr. mit 100 Goldgulden verehrt; von Seiten der beiden Commissäre ihre Brustbilder in goldenen Medaillen; am 1. Mai 1615 wurde er zum jüngeren Bürgermeister erwählt; am 17. Januar 1616 erklärten die Subdelegirten dem Rathe, dass kaiserliche Majestät ihn zu dem erledigten Amte des Stadtschultheissen verordnet habe; durch Diplom vom 1. October 1616 wurde er mit seinen beiden Brüdern in den Adelstand erhoben und ihnen erlaubt, sich Baur von Eyssenck zu schreiben. Im Jahre 1622 ernannte ihn die Gesellschaft Alt-Limburg zu ihrem Genossen und zwar, weil er Leib und Leben gewagt habe, das Vaterland wieder zur Ruhe zu bringen; weil solcher Dienst namentlich dieser Gesellschaft zu gut gekommen sei, welche am meisten in der Stadt begütert und die bei fortdauerndem Unwesen je länger, desto grössere Gefahren zu besorgen gehabt hätte; weil dadurch die flüchtigen Glieder der Gesellschaft die Möglichkeit erhalten hätten wieder zu Haus und Hof zurückzukehren, von denen sie um der Unsicherheit halber mit grossem Schaden abgezogen waren.

3*

Johann Martin Baur von Eysseneck heirathete im Jahre 1616 zweiter Ehe Katharina Fleischbein, die Wittwe des Buchhändlers Johann Jacob Fischer dahier. Bis zum Jahre 1623 bezog er als adtschultheiss 600 Gulden Gehalt und 200 Gulden Gnadengeld; if seine Erklärung, dass er damit in den theueren Zeiten und ei der oft eintretenden Nothwendigkeit, vornehme Fremde im nteresse der Stadt zu bewirthen, nicht bestehen könne, wurde hm eine weitere Zulage von 300 Gulden auf Lebenszeit bewilligt. Lersner II. a 130. Er starb 1634 und wurde in der Katharinenkirche vor der Kanzel begraben. Es konnte nicht fehlen, dass ein Mann von solcher Entschiedenheit von dem Theil der Bürgerschaft, bei welchem die Sympathien für Fettmilch noch fortlebten, gehasst und vielfach verdächtigt wurde: allein beweiskräftige Thatsachen sind bis jetzt noch nicht vorgebracht worden, welche sein grosses Verdienst um die Vaterstadt verkümmern oder die Achtung verringern könnten, welche ihm die dankbare Nachwelt schuldet.

2.

Die Judenverfolgung des Jahres 1614 und die Hinrichtung Fettmilch's und seiner Genossen auf dem Rossmarkte zu Frankfurt a. M. 1616.

Gleichzeitiger Bericht aus dem „Mercure Français". Zuerst aufgesucht von dem im vorigen Jahr in Versailles verstorbenen Herrn Achille Halphen, Herausgeber des „Journal d'Arnaud d'Andilly", 1614—1620.

Die älteste französische Zeitschrift, der Mercure Français, enthält in ihrem III. Theil, der im Jahr 1614, und im IV., der im Jahr 1616 erschien, ausführliche Berichte über einzelne Vorfälle des Fettmilch'schen Aufstandes, namentlich über die im Zusammenhang mit demselben veranstaltete Judenverfolgung. Mittheilungen eines ausländischen Organs über innere deutsche Verhältnisse, aus der Kindheitsperiode des Journalismus stammend, sind gewiss eben so selten wie anziehend; um so mehr im gegenwärtigen Fall, da der französische Berichterstatter sich über den Hergang und die Verhältnisse sorgfältiger belehrt und seine Quellen sachkundiger benutzt hat, als dies heutzutage zu geschehen pflegt. Der Mercure français ist von dem Dichter und Geschichtschreiber Palma Cayet gegründet worden, der in

seinen Jugendjahren dem reformirten Glauben eifrig zugethan
war und in mehreren seiner Werke die entschiedenste Hoch-
achtung für Deutschland ausspricht. In einer poetischen Klage um
den in den Tagen der Bluthochzeit getödteten Philosophen Peter
Ramus (Pierre de la Ramée) sagt er ausdrücklich : der Ruhm
der edlen deutschen Nation habe durch ihr Unglück Schaden
erlitten. (Le malheur diffame des Allemands la noble nation.)
Später trat er zum katholischen Bekenntniss über, behielt jedoch
seine Vorliebe für Deutschland bei. Von derselben gibt seine
aus gleichzeitigen Berichten zusammengestellte Chronik eines
Zeitraums von neun Jahren (chronique novennaire 1589—1598)
überall Zeugniss. Auf dieses Werk liess er im Jahre 1605 eine
chronique septennaire (1598—1604) folgen. Da seine geschichtlichen Compilationen grossen Beifall fanden, so beschloss er im
Jahr 1605, dieselben in kürzeren Fristen regelmässig fortzusetzen, und so entstand der Mercure français, der unter man-
cherlei Veränderungen bis ins 19. Jahrhundert fortgesetzt wurde.
Ein eigentliches Journal, ein politisches Nachrichtsblatt war
derselbe in den ersten Jahrzehnten nicht; ein solches, Gazette
genannt, erhielt Frankreich erst im Jahr 1631. Er gab jedoch
die Berichte über ausgezeichnete Ereignisse fast gleichzeitig,
oft in einzelnen Blättern und Heftchen, die nach Zwischen-
räumen von einem Halbjahr, einem Jahr oder gar zwei Jahren
gesammelt, als Buch erschienen. Auch nach Cayets Tod (im
Jahr 1610) wurde Deutschland, sowohl was seine Fürstenhöfe
als was die Volksbewegungen anbetrifft, in der Erzählung be-
vorzugt. Davon zeugen unter Anderen folgende zwei Bruch-
stücke aus der Geschichte der Frankfurter Bewegung.

I.

Aus dem Mercure Français, Tome III. (1614) p. 555 sqq. —
„Dez le matin, on avoit veu le monde s'attrouper par bandes
aux places publiques, et sembloit qu'il machinast quelque mas-
sacre et pillerie (car l'un ne va jamais sans l'autre en une fureur
populaire); mais, sur l'après-dinée, ce peuple estant armé de
rage, tourna avec impetuosité sa furie sur la place des Juifs.
Au commencement, les juifs feirent de la resistance et bar-
ricadèrent de muids et autres embarrasscments les portes do

leur place, et mesmes quelques habitans se meirent en effect de les secourir. Au bruict qui se faisoit, toute la populace y accourut de tous les endroicts de la ville; ce qui augmenta la grande quantité de larrons. Alors, ny les consuls, ny plusieurs honnestes citoyens, qui à main armée voulaient empescher ceste sedition, ne le peurent faire, car l'assaut s'estant renforcé sur la deffense que fesoient les juifs, on voyoit ces furieux en sortir les uns ayans un bras emporté, les autres blessez à la teste, et aucuns blessez à mort s'aller faire panser: il n'en mourut toutesfois que deux sur la place.

La nuict venuë et la fureur populaire croissant des juifs songerent à se retirer chacun pour garder sa maison; mais leur grande porte estant renversée, on n'entendit plus que clameurs, que ruptures de maisons, de portes et de coffres; et ces pauvres miserables juifs, abandonnans leurs biens, se retirerent en leur cimetière avec leurs blessez, desquels il n'en mourut qu'un.

Le lendemain, tous les citoyens armez, plusieurs d'eux à cheval, se rentirent à la place des Juifs, où, mettans gardes sur toutes les advenuës, ils commencerent à arrester les pilleurs et à leur oster ce qu'ils emportoient, les mettans en lieux seurs pour le conserver; par cest ordre ils feirent cesser le pillage.

Mais tous les juifs retirez dans leur cimetière voyans les citoyens armez pour les deffendre, craignans de retomber sous la fureur du peuple, demanderent permission de sortir et se retirer conduits seurement sur le bord du Rhin, avec le residu de leurs meubles et biens que l'on avait sauvez; là où ils s'embarquerent en divers basteaux, les uns allans à mont le Rhin, et les autres descendans. On conta qu'ils estoient quatorze cent juifs. Pour chose memorable, on a remarqué qu'en toutes les contentions et discords qui s'estoient faicts dans Francfort, les juifs n'y avoient receu aucun dommage qu'en ceste journée; qu'ils appeloient la Petite Hierusalem; et que le 25 d'aoust ils faisoient des prieres en memoire de la perte de Hierusalem la Grande. *) On composa aussi ces deux vers, qui marquent l'an, le mois et le jour de ceste pillerie:

*) D. h. der neunte Tag des Monats Ab, an welchem die Juden das Andenken der Zerstörung Jerusalems begehen, fiel im Jahr 1614 auf den 25. August.

In mense Augusto, Bartholomeique professo,
FranCfortI heI MIseros serVI praeDantVr Hebreos" **).

Der Mercure nennt Fettmilch einen Pastetenbäcker (pastis-
sier) und Gerngross einen Kistenmacher; er erzählt ziemlich
ausführlich die Gefangennehmung des Letzteren in Darmstadt,
von wo er nach dem Schloss von Rüsselsheim abgeführt worden.
Noch genauer berichtet er über das Auftreten Johann Martin
Bauer's (Baur von Eysseneck), wie derselbe den Fettmilch und
Schoppius nach Mainz brachte und wie sie dann mit Hand-
fesseln belastet nach Aschaffenburg gebracht wurden.

II.

Mercure Français, Tome IV. (1616), p. 170 sqq. — Am 26.
Februar 1616 wurde in Frankfurt unter Trommelschlag verkündigt, dass es Personen jeden Ranges und Standes verboten
sei, sich am 28. bewaffnet auf dem Rossmarkt einzufinden. An
demselben Tag wurde der Platz mit Schranken umgeben und
auf ihm das Schaffott errichtet. Am 27. wurde vor dem Zoll-
haus ein grosses schwarzes Tuch aufgespannt und in der Nähe
drei Bühnen errichtet; eine rechts mit Sitzen für den Rath,
eine links für die Zunftmeister (chefs des metiers), eine minder
hohe in der Mitte für die Verurtheilten. An den Zugängen
zum Rossmarkt waren Pfähle errichtet, welche das Reichswappen
mit der Inschrift „Reichsfreiheit" trugen; auch pflanzte man
Kanonen auf. Am 28. wurde die Bürgerwehr auf den Wällen
und Plätzen, wie auch am Zeughaus aufgestellt. Das einzige
Thor, das offen blieb, war dasjenige, das nach Höchst
führte. Zwischen 7 und 8 Uhr rückte der bewaffnete Zug an,
der die Verbrecher geleitete: 200 Reiter und 2000 Fussgänger.

**) Diese zwei Hexameter bilden ein Chronostichon oder Eteostichon,
das Erzeugniss einer im 17. Jahrhundert sehr beliebten Spielerei. Sie
besteht darin, dass die Buchstaben I, V, X, L, C, D und M im Vers ihren
Zahlenwerth behalten, so dass sie, zusammen addirt, die Zahl des Jahres
nach Christo ergeben, in welchem die Begebenheit stattgefunden hat. So
befinden sich oben in der zweiten Zeile ein M, ein D, ein C, zwei V und
vier I, zusammen 1614.

Die Gefangenen wurden, ebenso wie jene die in Frankfurt geblieben waren, nach einem benachbarten Hause gebracht, wo die zum Tode Verurtheilten den Besuch der Geistlichen empfingen. „Une heure après la proclamation du silence faite au son du tambour, on fit monter sur le petit échaffaut Fitmilc, Schoppius et Gerngross pour entendre leur sentence de mort. Tous trois furent condamnez à avoir les deux premiers doigts de la main droite coupez, la teste tranchée, et mise sur une pointe de fer au haut de la tour du Pont. Pour le corps de Fitmilc, qu'il seroit mis en quatre quartiers et porté sur quatre grands chemins; que sa maison seroit rasée, que l'on y erigeroit un pilier, et en iceluy un tableau avec l'arrest, pour memoire de servir d'éxemple aux séditieux. Et quant aux corps de Schoppius et Gerngrosse, qu'ils seroient portez au gibet. Fitmilc requist d'estre ensevely, mais il ne peut obtenir. Ainsi tous trois furent mis entre les mains du boureau, qui les alla faire mourir l'un après l'autre sur l'éschaffaut de l'execution. En mesme temps quelques gens de cheval et de pied sortirent de la place, et allerent à la maison de Fitmilc, qui fut rasée jusques aux fondements.

Aprèz l'éxecution à mort de ces trois, et leurs corps ayans esté mis sous l'eschaffaut qui estoit tout entouré d'ais on prononça avec les mesmes ceremonies la sentence de mort à Georges Ebel, teinturier, Adolfe le Chantre, Estienne Volff, cordier, et Hermann Geiss, cordonnier. Tous quatre furent condamnés à avoir la teste trenchée, leurs corps portez au gibet, et leurs testes fichées sur la tour du Port avec celles de Fitmilc et de ses deux compagnons Ebel seul est les deux doigts coupez.

Ces quatre derniers estans executez à mort, il y en eut neuf qui furent condamnez au forêt et bannis: et huid autres qui furent seulement bannis de Francfort, de Mayence, et des terres de landgrave de Hesse. Après ces executions l'arrest fut leu. On fit en mesme temps entrer les juifs qui estoient à la porte de la ville attendans d'estre restablis dans Francfort; ils furent convoyez avec plusieurs soldats, le tambour sonnant jusques dans leur ruë et demeure: et au dessous de la porte de leur ruë on planta l'Aigle Impériale, avec la mesme inscrip-

tion comme dessous, Impériale liberté. Lesdits sieurs subdé-
léguez commissaires, et toute la gendarmerie s'en retournerent
l'apres-disnee de ce mesme jour à Höchst, l'execution estant
faite; laissant par cette grande justice une crainte au peuple de
no plus faire de seditions.«

3.

Zur Geschichte der Frankfurter Silbermünze.

Von Dr. Euler.

Bekanntlich hatten in den früheren Zeiten nur diejenigen
Münzen in Deutschland aller Orten Geltung, welche von den
deutschen Kaisern oder Königen selbst in ihren Münzstätten
geschlagen wurden:[1] wenn weltliche Herren, Stifter oder
Städte Münzprivilegien erhielten, so galten deren Münzen doch
nur innerhalb des betreffenden Gebietes und es bedurfte einer
besonderen kaiserlichen Verordnung, wenn solche Localmünzen
ein grösseres Umlaufsgebiet haben sollten.[2] So verordnete
z. B. K. Karl IV. 1356, dass die Heller, welche in den Städten
Frankfurt, Nürnberg, Ulm und Donauwörth geschlagen würden,
durch ganz Franken und Schwaben angenommen werden sollten. Diese Heller zeigten auf der einen Seite ein Kreuz, auf
der andern eine Hand und wurden von jeder Stadt mit einem
besonderen Unter- oder Beizeichen versehen.[3]
Es liegt am Tage, dass diese beschränkte Umlaufsfähigkeit
der Landmünzen (im Gegenzatz der Reichsmünze) für den Verkehr sehr nachtheilig sein musste, wie sie denn auch zu der
grossen Verschiedenheit der Münzen in den einzelnen Gebieten
Veranlassung gab. Denn jeder Münzherr münzte so ziemlich
wie er wollte, die einzelnen Bestimmungen des Reichsoberhaupts

[1] So sagt schon Carl der Grosse in dem Capitulare von 808, dass seine
denarii palatini per omnia discurrant. Ludewig Einleitung cap. 8.
[2] Selbst in dem Gebiete eines Münzherrn gab es wieder verschiedene
Bezirke, in welchen je eine bestimmte Münze Cours hatte: so die Münzyser
in der Mark. Vgl. Köhne Münzwesen der St. Berlin. 1837. S. 12.
[3] Köhler Münz Bel. VII. 203. Beyschlag Münz-Geschichte Augs-
burgs. 1835. S. 147.

wurden nicht viel beachtet und nicht einmal die späteren Reichs-
münz-Ordnungen halfen diesem Gebrechen ab. Vielfach schlugen
einzelne Münzherren geringhaltige Münzen oder behielten neben der
nach der Reichsmünz-Ordnung geprägten Münze noch eine gerin-
gere, die s. g. Landmünze bei, welche nur im Lande selbst Cours hatte.
Indessen fehlte es nicht an Versuchen, diesen Verkehrs-
hemmnissen abzuhelfen. Benachbarte Münzherren schlossen
Münzvereinigungen ab, um eine gleichmässige Münze zu schlagen, die in ihrem Gesammtgebiete freien Umlauf haben sollte
und auch äusserlich mit ihren Wappen bezeichnet war, um die
allgemeinere Geltung anschaulich zu machen. Eine solche Münzeinigung, wie sie namentlich zwischen den rheinischen Fürsten
und Städten häufig stattfand, hat die Stadt Frankfurt noch im
17. Jahrhundert mit den benachbarten Münzherren — Chur-
mainz, Hessen und Nassau eingegangen; damals wurden die
mit den Wappen der vier Stände bezeichneten s. g. Rader-
Albus geschlagen, welche sich von den Jahren 1623 bis 1630
finden, sowie einseitige Heller, welche in den vier Winkeln
eines Kreuzes die Buchstaben M. H. N. F. haben. [*)]
In gleicher Absicht wurden von vielen Münzherren die
Münzen, welche in benachbarten oder durch lebhaften Handel
verbundenen Ländern oft geschlagen wurden, nachgeahmt und
um dieselben als bequemes Verkehrsmittel zu benutzen, wurden
sie nicht nur in gleicher Güte ausgeprägt, sondern auch äusserlich den fremden Münzen möglichst nachgebildet. Nachdem

---

*) Vgl. die neue Münz-Ordnung der Stadt Frankfurt von 1623 in Lers-
ner Chronik I. 444. Ebenda I. 456 Beschreibung dieser Räderalbus mit
Abbildung. Appel Repertorium II. 211 hält sie für Mainzer Sedizvacanz-
münzen, IV. 479 für niederrheinische Kreismünzen. Lersner II. 588. be-
schreibt die Heller und führt zugleich einseitige Heller an, auf denen sich
die Wappen von Hanau und Frankfurt befinden. Ob diese Heller, welche
unter den Wappen noch eine Zahl zeigen (z. B. 17, 18, 21), einer ähnlichen
Münzeinigung ihre Entstehung verdanken, ist mir nicht bekannt. Das s. g.
Hanauische Wappen aber ist das Eppensteiner-Münzenberger Wappenschild,
grade wie es sich auf den Frankfurter Goldgulden findet, die ich im
Frankfurter Archive IV. 35 beschrieben habe. Sollten etwa diese Heller
diejenigen kleinen Münzen oder Pfennige sein, welche nach Lersner I.
442 der Graf von Königstein von 1567—1570 allhier zum Trink-Schenk
gemünzt haben soll?

z. B. in Florenz seit 1252 Goldmünzen, die s. g. Florenen geschlagen wurden, welche auf der einen Seite mit der Lilie, auf der andern mit dem Bilde des h. Johannes, als des Schutzpatrons von Florenz bezeichnet waren, wurden auch anderwärts Goldmünzen ganz mit denselben Zeichen ausgeprägt; so haben die ältesten französischen Goldmünzen die Lilie und den h. Johannes, [5]) ebenso die ältesten Trier'schen Goldgulden aus den Zeiten der Erzbischöffe Boemund († 1367) und Cuno († 1388), [6]) und der h. Johannes auf den in Frankfurt geprägten Goldgulden schreibt sich auch nur von dieser Nachahmung her. [7]) In Frankreich waren seit König Philipp August († 1223) die s. g. Turnosen üblich, d. h. eine zuerst in der Stadt Tours, dann auch in andern französischen Städten geprägte silberne Dickmünze (Grossus, Gros-Tournois), welche die Umschrift „sit benedictum nomen domini dei nostri“ wenigstens seit Ludwig IX. († 1270) führten. [8]) Diese Münzsorte wurde nun nicht nur alsbald in Brabant, Flandern und andern französischen Lehnstaaten, sondern auch in Deutschland, wie in Cöln, Trier [9]) und namentlich in Frankfurt mit möglichster Nachahmung des Gepräges und Beibehaltung des obgedachten Spruchs nachgebildet. Hier gab 1345 K. Ludwig dem Jacob Knoblauch das Recht, eine Münze von grossen Turnosen zu schlagen und noch 1666 wurden Frankfurter Turnosen, obwohl geringeren Gehalts, geprägt. [10])

Wie mit Frankreich standen die rheinischen Länder auch mit England in lebhaftem Handelsverkehr [11]) und die englischen Münzen wurden daher am Rheine nicht weniger nachgeahmt,

---

[5]) Verz. der Münzsammlung L. Welzl von Wellenheim II., 1, No. 452.

[6]) Dinget, Berichtigungen zur Münzkunde, erste Lieferung, Münzkunde von Trier. S. 59. 76.

[7]) Archiv für Fr. Geschichte IV. 12. 28.

[8]) Joachim, Münzwesen 130. 182.

[9]) Neller, comm. de grosso Turonensi et Trevirensi. 1760. v. Merle Cöln. Münzsamml. S. 105.

[10]) Böhmer, cod. dipl. 589. Archiv IV. 7. Lersner I. 456

[11]) Zeitschr. für deutsche Culturgeschichte. 1857. S. 764. Vgl. auch Geisberg, der Handel Westfalens mit England, in der westf. Zeitschrift für vaterl. Geschichte XVII. (1856), besonders S. 211 über die Nachbildung der engl. Münzen.

wie in den Ländern des jetzigen Belgiens: es sind die s. g.
Englisch oder Engelstätter. Die englischen Schillinge hatten
seit K. Heinrich III. († 1273) lange Zeit hindurch auf dem
Avers das Brustbild des Königs mit Krone und Stab, der Revers wurde durch ein grosses die Umschrift durchschneidendes
Kreuz in vier Theile getheilt und in jedem der vier Winkel
zeigten sich drei Punkte oder Kügelchen. Ganz ebenso gebildet sind die Trierer Englisch aus den Zeiten des Erzb. Kuno,
nur dass auf dem Avers das Brustbild des h. Peter mit Schlüs-
sel und Stab sich befindet. [12]). Nach einem andern englischen
Muster wurden in Cöln unter Erzb. Heinrich († 1332) Sterlinge
geprägt, welche im Avers das Brustbild in einem Dreiecke und
im Revers in jedem Winkel des Kreuzes einen Stern haben. [13])
Auch Frankfurt blieb nicht mit solchen Nachbildungen zurück.
Die englischen halben Groats aus dem 14. Jahrh. zeigen ein
vierfeldiges Wappen im Avers und im Revers ein verziertes
Kreuz. Ganz ebenso liessen die Herzoge von Brabant in
Brüssel eine Münze schlagen, welche ebenfalls im vierfeldigen
Wappen vier Löwen hatte. [14]) Die Frankfurter Nachahmung
aber hat zwar die Viertheilung des Wappens und das verzierte
Kreuz beibehalten, jedoch statt der Löwen vier Adler in das
Wappen gesetzt. Diese s. g. Englisch haben um das Wappen
die Umschrift moneta nova, um das Kreuz anglie francoford,
in alten oder s. g. Mönchsbuchstaben [15]) und sind im Werthe
von sieben Hellern ausgemünzt. Eine andere Art solcher Frankfurter Englisch oder Engelstetter soll gar das Gepräge einer
angelsächsischen Münze nachahmen, indem vor einiger Zeit [16])
eine Münze beschrieben und abgebildet wurde, welche im A.
einen Adler mit der Umschrift Aedelr... us Franforda, im R.
ein Lamm mit Siegesfahne und Heiligenschein, mit der Umschrift Aethelred rex anglorum zeigt. Obwohl aber diese Be-

[12) Dinget, S. 69.
[13) Merle, S. 158.
[14) Welzl, Samml. II. 2. N. 8746 Appel, Rep. IV. 510.
[15) Abg. in Lersner I. 455. Chr. Schlegel de nummis antiquis Go-
thanis (1717) S. 30.
[16) In den numismatischen Bruchstücken von K. W. Fr. Erbstein,
3s Heft. Dresden 1828. S. 96.

schreibung von einem tüchtigen Münzkenner herrührt, so ist
doch die Aechtheit der Münze oder die Richtigkeit der Ent-
zifferung der grade an der ersten Silbe des Worts Frankforda
beschädigten Umschrift sehr zu bezweifeln. Denn es ist kein
Grund denkbar, wesshalb Frankfurt, welches weder zur Zeit des
Königs Ethelred (979—1016) noch zu einer Zeit, da noch die
alten angelsächsischen Münzen in England gangbar waren, mit
diesem Lande in irgend einer Verbindung stand, ein derartiges
Gepräge hätte nachahmen sollen.

Der Rath zu Frankfurt, welchem schon 1346 K. Ludwig
erlaubt hatte, kleines Geld (Heller) zu schlagen, erhielt 1428
von K. Sigismund die Freiheit, fortan silberne Münze auf solche
T u r n o s e, E n g l i s c h und H e l l e r, als jetzund bei ihnen
gange und genehm seien, zu machen. [17]) Damit sind also die drei
Münzsorten, französischen, englischen und einheimischen [18]) Ursprungs, bezeichnet, aus welchen das damals in der Stadt um-
laufende Silbergeld bestand. Dabei blieb es auch noch lange
Zeit, denn 1445 verordnete z. B. der Rath, da von Alters her
in Frankfurt alte Turnosen, alte Engels und alte Heller silberne
Münze und Werung gewesen und noch seien, so solle auch
ferner nur diese und keine andere silberne Münze im Handel
und Wandel gegeben und angenommen werden; dasselbe ge-
schah 1467 und 1469; 1492 wurde bestimmt, wieder alte Turnosen und Engels auf das alte Gepräg zu münzen, 1516 wurde
obige Verordnung wiederholt und noch 1522, als die erste
Reichsmünz-Ordnung berathen wurde, verwahrte sich der Rath
gegen die Aenderung seiner althergebrachten kleinen Münze. [19])
Er ging auch nicht darauf ein, grössere Münzen nach der
Reichsmünz-Ordnung von 1524 und der in Augsburg beschlos-
senen von 1551 zu schlagen, obwohl Kaiser Karl V. 1555 der
Stadt das Privileg ertheilte, nach Massgabe dieser Ordnung
allerlei Sorten von Gold und Silbermünze zu münzen. [20]) Erst

[17]) Archiv IV. 8. 10. Priv. Buch 268.
[18]) Die Heller mit Hand und Kreuz nämlich wurden zuerst von der
Stadt Schwäbisch-Halle geschlagen und haben daher den Namen.
[19]) Archiv VII. 146. O r t h, Reichsmessen 405. Lersner II. 574. Die
letzten Englisch wurden 1492 geschlagen. K i r c h n e r, Gesch. II. 480.
[20]) Priv. Buch S. 371.

im Jahre 1572, nachdem das Jahr zuvor die Einrichtung der
in Münzsachen mit einander correspondirenden Reichskreise an-
geordnet worden war, scheint sich die Stadt entschlossen zu
haben, neben ihren Turnosen und Hellern auch grössere Silbermünzen nach Massgabe der Reichsmünz-Ordnung von 1555 und
des, die Prägung von Thalern gestattenden Reichsschlusses von
1565 [21]) zu schlagen. Von diesem Jahre nämlich sind die ersten
bekannten Gulden, halben Reichsthaler und Doppelthaler; auch
die Reichsthaler, welche ohne Jahrzahl mit dem alten Turnosen-
spruche „sit nomen domini benedictum" geschlagen wurden,
scheinen nicht älter zu sein. [22]) Mit diesem ersten Versuche
aber begnügte sich der Rath wieder lange Zeit und erst 1609
fasste er den Beschluss, neben Schlüsselpfennigen und Weiss-
pfennigen (Albus) wieder grössere Stücke münzen zu lassen.
Aus diesem und den folgenden Jahren finden sich daher Doppelthaler, einfache Thaler, halbe Thaler, Viertelthaler oder
Oerter, Zwölfer oder Schreckenberger, wozu noch 1620 Sechs-
kreuzerstücke und 1622 Achtelthaler kamen. In diese Zeit
fällt die obgedachte Münzordnung von 1623 über die gemein-
schaftlich zu prägenden halben Batzen und Pfennige: in derselben wurde der Reichsthaler auf anderthalb Gulden festgesetzt. Später, seit 1675, wurden wieder Guldenstücke zu 60
Kreuzern geprägt, bis Frankfurt nebst vier anderen Ständen
1690 der von Brandenburg, Sachsen und Braunschweig getrof-
fenen Uebereinkunft beitrat, den s. g. Leipziger Fuss annahm
und neue Münzen verschiedener Art schlagen liess. [23]) Durch die
Verordnung vom 4. März 1765 [24]) führte dann der Rath den
durch die zwischen dem Kaiser und dem Hause Bayern durch
die Convention von 1753 festgesetzten Münzfuss ein und schlug
von da an verschiedenes Conventions-Geld.

[21]) Joachim, S. 195.
[22]) Lersner, Chr. I. 457. II. 581.
[23]) Joachim, S. 203.
[24]) Beyerbach, Sammlung. S. 1142.

4.

Malaparte — Bonaparte.

Von Dr. Römer-Büchner.

Der blühende Handel von Belgien im 15. Jahrhundert und die günstige Lage von Antwerpen an der Schelde, den grossen Seeschiffen zugänglich, machte diese Stadt zur Königin der Handelsstädte, und als Nebenbuhlerin von Venedig wurde sie der Sammelplatz der Handelsleute aller Länder. Vorzüglich waren es Italiener, welche die Seidenfabrikation in Antwerpen betrieben und unermessliche Reichthümer erwarben, zumal die dortigen Freimessen die Kaufleute aller Länder anzogen. Unter den aus Italien nach Belgien Uebergesiedelten finden wir nun auch die Familie Malapart.

Durch den niederländischen Bürgerkrieg von 1568—1576 waren viele Niederländer genöthigt mit den Trümmern ihres Wohlstandes Zuflucht im Ausland zu suchen und hierdurch bekam auch Frankfurt einen Zufluss von neuen Bürgern. So finden wir unter diesen Emigranten auch die Familie Malapart, deren Stammvater in der neuen Frankfurter Linie auf dem St. Peterskirchhof begraben ist und unter No. 115 der Erbbegräbnisse folgende Grabinschrift erhielt: Ludovico Malaparto, Montensi Belgae Patri Soceroque desideratissimo. Hoc qualecunque Monumentum Fil. generique Moerentes P. P. obiit 9. Jan. 1603 Aetatis LXVII. Die Malapart'sche Familie war sehr vermögend, wir finden daher in der Bestätigung des Staatsvertrags zwischen Mainz und Frankfurt durch K. Ferdinand III. schon im Jahr 1657 David Malapart als Inhaber des Salzwerks von Soden; Frankf. Privilegienbuch S. 461. Später nannten sie sich, weich ausgesprochen, Malapert. Im Jahr 1753 wurde die Familie in den Reichsadelstand von Kaiser Franz I. erhoben und, in Folge der Abtretung von Soden im Jahr 1803 an Nassau, traten die meisten Familienglieder in Herzoglich Nassauische Dienste. Frankfurter Patricier waren sie nie und traten in die Gesellschaft Frauenstein erst im Jahr 1807.

Im verflossenen Jahr erschien in Venedig ein Werk, von welchem nur 100 Abdrücke gemacht, das aber bei seiner typographischen Ausstattung auf unbekannte Subvention muthmassen lässt. Der Titel ist: „Le antichita dei Bonaparte con un studio storica sulla Marca Trivigiana. Per Federico Stefani. Precede una introduzione per Luciano Beretta, Dott. et Prof. in diritto. Venezia 1857. Hier wird aus einem Kaufbrief vom 10. März 1123 für den Abt von St. Georgio Maggiore in Venedig, in welchem die Worte vorkommen „Johannem malapartem filium — qui professi sumus ex nacione nostra vivere lege langobardorum" auf eine Uebersiedelung der Familie aus der Lombardei nach Treviso geschlossen. Johann, ein Sohn desselben, verwandelte seinen Familiennamen mala in bona und ist nach einem Spruch des Podesta von Treviso vom Jahr 1178 — in presentia Johannis Bona partis — das erste urkundliche Glied der Bonaparte. In den Jahren 1225 und 1245 kommt Hugetto das erste Mal als Malaparte und dann als Bonaparte vor. Die Schrift enthält die Urkunden und drei Stammtafeln. Johannes Söhne zerstreuten sich; sein jüngster Johannes Lompard, von seiner Abstammung aus der Lombardei sich so nennend, wurde der Stammvater verschiedener Zweige; des letztern ältester Sohn entfloh bei der Verfolgung gegen den Trevisanischen Adel nach Florenz und gründete dort den Zweig von Florenz und San Miniato. Eine Enkelin Johann Lombard's brachte durch Vermählung mit Guecello VI. aus dem Haus Canino malapart — bonapartisches Blut in die fürstlichen Familien Este und Collato.

Nach allem diesem dürfe es gewiss nicht als gewagt erscheinen die Vermuthung auszusprechen, dass die aus Italien nach Belgien übergesiedelte malapartische Familie von dem Johann Bonaparte abstamme und wieder ihren frühern Namen Malaparte angenommen habe.

5.

Ueber zwei Oelgemälde in dem Sitzungszimmer des allgemeinen Almosenkastens.

Von Herrn Senator Dr. Gwinner.

Schon lange vor Gründung des Städel'schen Kunstinstituts besass die Stadt Frankfurt als öffentliches Eigenthum eine nicht unbedeutende Anzahl Oelgemälde und darunter manche von entschiedenem Kunstwerth.[1] Schon in älterer Zeit wurde über den Mangel eines geeigneten Raumes zur vereinten Aufstellung aller dieser Bilder mit Recht geklagt. Die Zerstreuung derselben in verschiedenen Gebäuden und in diesen wiederum in völlig von einander getrennten, dem Publikum unzugänglichen Localitäten hat die nothwendige Folge, dass die wenigsten hiesigen Kunstfreunde zu einer genaueren Kenntniss von dem Umfang und Werthe dieser Kunstschätze gelangen. Sie hat aber auch die weitere nachtheilige Folge, dass die nothwendige einheitliche Aufsicht fehlet, dass die Gemälde in den verschiedenen Amtslocalitäten, wenigstens theilweise, als überflüssige Nebensachen behandelt werden und nicht immer den zuträglichsten Platz angewiesen erhalten, dass sie dort, ohne Schuld der betreffenden Beamten, durch Staub, Rauch, Sonnen- und Ofenhitze mehr oder weniger leiden und dem Verderben zugeführt werden. Veranlasst durch des sel. Daems patriotische Schenkung, ist seit einem Jahr zu einer städtischen Gemäldegallerie (neben der Städel'schen) der Anfang gemacht. Der im Druck erschienene Katalog weist bereits 260 Gemälde nach, welche in dem vormals v. Bethmännischen Museum aufgestellt sind. Dieser Raum ist aber offenbar viel zu klein, er vermag kaum die Hälfte aller vorhandenen Bilder zu fassen und ist auch in vielen andern Beziehungen für eine Gemäldegallerie nicht geeignet. Als Pro-

---

[1] Es befinden sich, ausser der in dem vormals v. Bethmännischen Museum untergebrachten Daems'schen Sammlung, noch sehr viele Gemälde auf der Stadtbibliothek, andere in dem Römer im Kaisersaal, in den Audienzzimmern der beiden Herren Bürgermeister, auf dem Bauamte, dem Forstamte, dem Kriegszeugamte, dem Polizeiamte, dem Rentenamte, an dem Vorplatze der Kaiserstiege, und in dem Appellationsgerichtshause.

4

visorium und erster Schritt zum Besseren, das mit der Zeit
gewiss nicht ausbleibt, ist der kleine Gemäldesaal an der Seiler-
strasse freudig zu begrüssen; dringend zu wünschen bleibt
aber, dass von den zerstreuten Gemälden ein gewissenhaftes In-
ventar aufgenommen, und alle unter den einheitlichen Schutz
eines Conservators gestellt werden, dem zugleich auch die Sorge
für die Erhaltung sämmtlicher übrigen öffentlichen Werke der
Kunst, namentlich der Bau- und Bildhauerkunst, anzuvertrauen wäre.

Ausser den der Stadt unmittelbar gehörigen Gemälden findet
man auch noch welche bei einzelnen Stiftungen, die wohl
den meisten hiesigen Kunstfreunden unbekannt geblieben sind.
Ich beschränke mich, hier nur auf zwei Bilder aufmerksam zu
machen, welche sich in dem Sitzungszimmer des allgemeinen
Almosenkastens befinden, und von denen das eine, von Heinrich
Meidinger in dem Werke: Frankfurts gemeinnützige
Anstalten Th. I. S. 98. unvollständig, das andere aber, soviel
mir bekannt, noch nirgends erwähnt worden ist.

Das erste dieser Bilder, welches ohne Zweifel als
Gedächtnisstafel für den Almosenkasten gestiftet wurde, ist
in Oel auf Leinwand gemalt und in zwei Abtheilungen ge-
trennt, welche jedoch mit sich im Zusammenhange stehen und
im Ganzen einen Raum von 19 Fuss in der Länge und 4³/₄
Fuss in der Höhe einnehmen. In der Abtheilung links entsendet
Christus seine Apostel, das Evangelium zu predigen. Auf einer
Tafel über dem Haupte Christi stehet der Spruch Ev. Marci
16, 5: „Gehet hin in alle Welten und prediget das Evangelium
allen Creaturen.“ Auf dem oberen Rande der zweiten Abtheilung rechts liest man die Inschrift: „1531 Sonntag Lätare wurden von E. Edlen Rath zu Kastenherrn erwählt“. Darunter
sitzen die ersten Pfleger, nach dem Leben gemalt, um einen
Tisch. Zu Häupten eines jeden stehet dessen Namen auf einem
Täfelchen. Es sind: Hans Brum (soll heissen Brom), Hans
Eller, Hans Geddern ¹), Hans Ugelheimer, Hieronimus Breu-

---

¹) Ursprünglich war Hans Kisser, des Raths gewählt; allein derselbe
scheint aus irgend einem Grunde das Amt nicht angetreten zu haben, da
auf dem Bilde Hans Geddern seine Stelle einnimmt.

heusser und Simon Bocher, nebst dem Kastenschreiber Conrad
Uffenbach. Der Kornschreiber und der Kastenknecht vertheilen
die Spenden an die erschienenen Armen. Ueber ihnen schwebt
der heil. Geist in Gestalt einer Taube.

Das ursprünglich ganz wacker gemalte Bild hat im Laufe
der Zeiten, namentlich wie darauf zu lesen, in den Jahren 1625,
1704, 1817 und 1839 Restaurationen erfahren, wodurch die
Schärfe der Zeichnung augenscheinlich gelitten hat. Immerhin
bleibt es eine interessante Reliquie. Der Maler ist nicht genannt und konnte auch aus den Ausgabebüchern des Almosenkastens nicht ermittelt werden, wesshalb anzunehmen ist, dass
es irgend einem Freunde der Anstalt seine Entstehung verdankt.

Das andere Bild, gleichfalls in Oel, aber auf Holz gemalt, stellt die Kreuzigung Christi vor, eine aus zahllosen Figuren gebildete reiche Composition. In der Mitte wird der
Heiland am Kreuze erhöhet, während die beiden Schächer zur
Rechten und Linken so eben daran geschlagen werden. Ganz
im Vorgrund würfeln die Kriegsknechte um die Kleider; einer
derselben hat am entblössten Beine eine Wunde, auf welcher
eine grosse Schmeissfliege sich labet! Im Hintergrunde wird
die ohnmächtige Maria von Johannes und ihren Freundinnen
unterstützt. In jeder der vier Ecken des Bildes ist ein Wappen angebracht, vermuthlich den, wie es scheint bürgerlichen,
Stiftern angehörend, nämlich:

Oben rechts: im dunkeln Schilde eine Thüre mit geöffneten
Flügeln.
Oben links: ein in zwei Felder quer getheilter Schild. Das
obere goldene Feld zeigt einen nach rechts schrei-
tenden rothen Löwen; das untere schwarze zwei
Sterne mit rothen und goldenen Strahlen.
Unten rechts: ein rother Schild mit zwei oben gegeneinander
gelehnten Balken, auf denen sich drei rothe Ro-
sen befinden, deren Herzen weiss sind.
Unten links: ein Schild senkrecht in zwei Felder getheilt, von
denen das eine roth, das andere weiss ist, mit
einer dem gothischen ſ ähnlichen Figur.

4*

Dieses interessante wohlerhaltene Gemälde, welches ich bis jetzt noch nirgends erwähnt gefunden habe, und dessen augenscheinlich der oberdeutschen Schule angehörender Meister mit dem Maler des zuerst gedachten Bildes nichts gemein hat, dürfte in das Ende des fünfzehnten oder in den Anfang des sechzehnten Jahrhunderts zu setzen sein. Es ist 5³/₄ Schuh breit und 3¹/₂ Schuh hoch und soll früher in dem Kreuzgange des Barfüsser-Klosters gehangen haben.

DES CANONICUS

BALDEMAR VON PETERWEIL

Beschreibung

der kaiserlichen Stadt

Frankfurt am Main,

aus dem XIV. Jahrhundert.

———

Urschrift

mit Uebersetzung und Erläuterungen

herausgegeben

von

Dr. jur. L. H. Euler.

———

Vorwort.

Wer die Geschichte eines Volkes recht kennen lernen will, muss auch den Grund und Boden kennen, auf dem sie sich bewegt. Handelt es sich um die Geschichte eines einzelnen Gebiets, z. B. einer Grafschaft oder Herrschaft, so ist die topographische Kenntniss noch weniger zu entbehren. Denn von dem, was sich innerhalb eines so begränzten Raumes zuträgt, hat wohl das Meiste nur eine locale Bedeutung und lässt sich von den Oertlichkeiten nicht trennen. In gesteigertem Maasse ist dies bei der Geschichte einer einzelnen Stadt der Fall. Die äussereren Beziehungen, in welchen die einzelne Stadt zu einem grösseren Ganzen steht, sei es zu Kaiser und Reich, zu der Landesherrschaft, zu einem Städtebund u. s. w., treten hier in der Regel zurück gegen ihr inneres Leben; die Entwicklung des städtischen Gemeinwesens — der Stadtverfassung, die Bildung der einzelnen bürgerlichen Stände und ihr Verhältniss zu einander, das Emporblühen der eigentlich städtischen Nahrung, des Handels und der Handwerker, sind der eigentliche Vorwurf einer Stadtgeschichte. Hängt es doch wieder nur von diesen Momenten ab, welche Stellung die Stadt nach aussen hin einzunehmen vermochte. Aber ohne zu wissen, wie die Stadt an sich in den verschiedenen Zeiten beschaffen war, kann man diesen Theil ihrer Geschichte nicht erforschen: ihre ursprüngliche Anlage, ihre allmählige Erweiterung, ihre kirchlichen Bauwerke, die Gebäude, die sie zum Besten des Gemeinwesens errichtete, — sie gewähren die Anhaltspunkte für diese Geschichte, liefern vielfach die Beweise und bringen vergangene

5*

Zustände zu lebhafter Anschauung. Die topographische Geschichte einer Stadt ist danach eine nicht zu missende Grundlage für ihre politische Geschichte: die kleinsten Einzelfor-
schungen sind hier nicht an unrechtem Platze und selbst die
Geschichte einzelner Häuser wird von Bedeutung. Ist doch
z. B. ohne sie eine Geschlechter-Geschichte nicht möglich!
Die wenigsten Stadtgeschichten ermangeln daher eines topographischen Theiles oder es suchen doch ihre Verfasser durch
topographische Angaben die Darstellung zu' beleben. Aber es
fehlt auch nicht an Werken, welche sich die historisch-topographische Beschreibung zur Hauptaufgabe machen. So, um Ein-
zelnes anzuführen, stellt F a b r i c i u s „Stralsund in den Tagen
des Rostocker Landfriedens vom 13. Juni 1283" (Stettin, 1847)
sorgfältig Alles zusammen, was über die damalige Beschaffen-
heit der Stadt erkundet werden konnte. Den Zustand Prags
zu den Zeiten Kaiser Karls IV. schildert S c h o t t k y, die „ka-
rolingische Zeit" (Prag, 1830). Eine treffliche Geschichte der
Befestigung der Stadt Braunschweig hat S a c k in dem Archive
des historischen Vereins für Niedersachsen (Jahrg. 1847 und
1848) geliefert: nicht nur die äussern Mauern, Graben und
Wälle, auch die Thore und Burgen der fünf Weichbilde, aus
welchen das alte Braunschweig bestand, die Warten und Landwehre, die Waffenplätze und Wachthäuser, die Muserie-
und Blidenhäuser werden hier ausführlich besprochen und
Schritt vor Schritt entrollt sich das getreue Bild der alten
wehrhaften Welfenstadt. Eine historisch-topographische, durch
Abbildungen geschmückte, Beschreibung Würzburgs haben
H a f f n e r und R e u s s 1852 unternommen. Die Stadt Mainz
wurde 1568, 1594 und zuletzt vor dem Bau der grossen Festungswerke 1657 förmlich durch Sachverständige aufgenommen: alle
Höfe, Häuser, Gärten, Brunnen, Plätze, Alimente und Gassen
wurden auf kurfürstlichen Befehl umgangen, visitirt und ver-
zeichnet. Diese Stadtaufnahmen sind noch vorhanden und sie
bilden die Grundlage der — topographischen — Geschichte der
Stadt Mainz, welche S c h a a b 1841 bis 1844 in zwei Bänden
herausgegeben hat.
Eine solche topographische Geschichte Frankfurts ist bis
jetzt noch nicht erschienen. Handschriftlich zwar ist sie 'vor-

handen, denn der verewigte Canonicus **Batton** hat Jahre lang zu diesem Zwecke gesammelt und seine umfassenden Arbeiten befinden sich auf der Stadtbibliothek. Aber er starb, che er sein Werk herausgeben konnte: ebenso ist Schöff **von Fichard**, der Batton's Arbeit mit vielen Zusätzen vermehrte und deren Herausgabe in der literarischen Ankündigung in der „Wetteravia" anzeigte, gestorben, ohne dass er sein Vorhaben ausführte: auch die Zusage des Herrn Dr. Böhmer, welcher in der Vorrede zu seinem 1836 erschienenen „Frankfurter Urkundenbuch" die Herausgabe dieses Werks in Aussicht stellte, ist bis jetzt nicht in Erfüllung gegangen. Der Wunsch aber, dies umfassende Werk, dessen die beiden letztgenannten grossen Kenner der hiesigen Stadtgeschichte mit so grossem Lobe gedenken und aus dessen reichem Inhalt so manche neuere topographische Mittheilungen geschöpft haben, durch den Druck veröffentlicht zu sehen, besteht noch ungeschwächt fort und es soll die Herausgabe gegenwärtigen Schriftchens mit dazu dienen, die Freunde der vaterstädtischen Geschichte anzuregen, dass sie sich, wenn für den Einzelnen die Aufgabe der nochmaligen Durchsicht und Ergänzung des Batton'schen Werks zu gross sein dürfte, mit gemeinsamem Eifer dieser Arbeit und der Herausgabe unterziehen möchten.

In dem 14. Jahrhundert lebte hier ein Kanonicus des St. Bartholomäus-Stifts, **Baldemar von Peterweil**, der sich auch Baldemar Fabri nannte [1]). Er stiftete 1379 mit seinen Geschwistern Hertwig und Gela die Vikarie der h. Dreifaltigkeit und begabte sie unter Anderem auch mit einem Zins aus seinem und seiner Geschwister Hof, gelegen in der Schnurgasse, gegenüber der Ziegelgasse. Im Jahr 1384 fügte nach seinem Tode sein Bruder Hertwig, der ebenfalls ein Kanonicus des St. Bartholomäus-Stifts war, noch mehrere Gaben an diese Vicarie hinzu, darunter auch zwei an seine Wohnung anstossende Häuser [1]). Nach Batton's Notizen war auch das komposteller Eck (der rothe Hahn) gegen dem Arnsburger Hof über Baldemar's Eigenthum und er überliess auch dem zeitlichen In-

[1]) Beide Urkunden in **Würdtwein** Diöcesis Moguntina (comm. septima de archidiaconatu eccl. coll. ad S. Barth. 1771) II. 604. 605.

haber der gedachten Vicaric sein kleines Nebenhaus in der
Frohnhofsstrasse zur Wohnung, welches später, als in Folge
der Reformation die Vicarie einging, der Kurfürst Daniel von
Mainz zur Vergrösserung des Kompostells an sich zog. Baldemar, der 1382 starb, war aber nicht nur ein frommer, er war
auch ein fleissiger Mann. Unter andern Arbeiten [2]) fertigte er
auch ein Verzeichniss der Gefälle des St. Bartholomäus-Stifts
(liber redituum) und diesem stellte er, damit die Bezeichnung
der zinstragendeu Liegenschaften desto besser verstanden werde,
eine Beschreibung der sämmtlichen damals vorhandenen Gassen
und Plätze der Stadt voran.

Batton kannte diese Chorographie Baldemar's und ist
vielleicht durch sie veranlasst worden, seinen Sammlerfleiss auf
eine topographische Geschichte Frankfurts zu verwenden. Wie
Feyerlein in seinen Ansichten, Nachträgen und Berichtigungen zu Kirchner's Geschichte der Stadt Frankfurt (Fr. 1810,
I. 137) erzählt, war es Batton's Absicht, diese alte lateinische
Nachricht seinem vollkommeneren Werke vorzudrucken. Auch
mag er daran gedacht haben, sie vorläufig allein herauszuge-
ben, denn sie fand sich, mit Anmerkungen versehen, die er aus
seinem grösseren Werke entnommen hatte, in seinem Nachlasse
beinahe ganz druckfertig war.

Diese alte Beschreibung unserer Vaterstadt, die also aus
der zweiten Hälfte des 14. Jahrhunderts, aus der Zeit, da die
grosse Erweiterung der Stadt kaum stattgefunden hatte, herrührt, ist es nun, die hier den Freunden der vaterstädtischen
Geschichte in Urschrift und Uebersetzung mit Anmerkungen
dargeboten wird. Letztere (unter der Uebersetzung mit kleinerer Schrift gedruckt) beruhen vielfach auf den erläuternden
Bemerkungen, welche Batton seiner jetzt auf der Stadtbibliothek befindlichen Abschrift zugefügt hat; sie mit Benutzung des
Batton'schen grösseren Werkes weiter auszudehnen, wurde ab-

---

[2]) Von ihm soll auch ein Bericht über die Art und Weise herrühren,
wie ein römischer König in der St Barth. Kirche in Frankfurt empfangen
wird, abgedr. in Würdtwein subsidia dipl. I. 112. Doch kann nur der
Anfang desselben von ihm sein, der Schluss ist gegen das Ende des 16.
Jahrh. von dem Canonicus Caspar Feldmaus geschrieben.

sichtlich vermieden, weil dann eine Scheidelinie schwer einzu-
halten gewesen wäre und dies Schriftchen nicht umfangreich
werden sollte. Nur dasjenige, was sich für die älteren Zeiten
aus dem Böhmer'schen Urkundenbuche, aus Würdtwein's Diöcesis Moguntina u. s. w. gewinnen liess, wurde beigefügt, während
für die neueren und neuesten Zeiten zumeist der „topographische Ueberblick der Stadt Frankfurt am Main" von C. L.
F r a n c k (Fr. 1825) und „die Hausnummern zu Frankfurt am
Main" von Fr. K r u g (Fr. 1850) die erforderlichen Nachweise
lieferten.

Chorographia Francofurtensis.

Frankenford imperialis est urbs atque tripartita.

Prima pars Antiquum opidum, maedia, his limitibus videlicet
Ecclesia Predicatorum, Sancti Georgii, Penitentum, montis
Marie, sancti Anthonii interclusa.

Secunda pars Novum opidum in parte septemptrionali et sini-
strum versus campum.

Tertia pars Sassinhusen a parte meridionali atque dextrum,
ultra Mogum sita.

Antiqui opidi partes, per vicum a porta eiusdem et Mogi dicta
farporte ad Ecclesiam montis Marie prenominatam,

Novi opidi partes, per vicum dictum Eschersheymergazze a
claustro sancte Katharine ad portam dictam Eschersheymer
porte novi opidi memorati,

Sassinhusen partes per vicum ab ecclesia sancte Elyzabeth ad
portum pontis distinguuntur a meridie ad septemptrionem
tendentes, dicti dividentes.

ANTIQUI OPIDI
SUPERIORIS PARTIS VICI PRINCIPALES.

Predicatorum, dictus olim Stegeburnengazze, proximus orienti,
a curia Arnsberg ad puteum dictum Rodinburnen.

Fabrorum seu Fargazze, a porta pontis Mogi ad portam dictam
Burnheymer dor opidi supradicti.

      Ambo a meridie ad septemptrionem sunt protensi.

Piscatorum, a porta eorumdem et Mogi, ad portam Carnificum
et Mogi.

Carnificum, a porta eorumdem et Mogi ad hospitale sancti Spiritus.

Ambo proximi meridiei.
Judeorum a vico Fabrorum et acie respiciente orientem et meridiem cemiterii Ecclesie S. Bartholomei ibidem, ad hospitale prenotatum.
Sancti Spiritus ab eodem hospitali ad portam Mogi dictam Farporte prenominatam, meridiem prope situs.
Doliatorum a porta occidentali meridionali dicti cemiterii sancti Barth. ad aciem respicientem meridiem et occidentem capelle sancti Nicolai ibidem.
Ambo tendentes ad vicum, opidum dividentem.
Tornatorum a vico Fabrorum et puteo dicto Lumpenburnen ad aciem respicientem occidentcm et septemptrionem capelle sancti Michaelis cemiterii ecclesie S. Bartholomei prenominati.
Institorum a porta occidentali septcmptrionali cemiterii et acie respiciente meridiem et occidentem capelle iam dictorum ad plateam dictam Samysdagisberg.
Textorum seu Snargazzc', a vico Fabrorum et acie respiciente septemptrionem et orientem ecclesie sancti Johannis ibidem ad vicum opidum dividentem.
Sancti Anthonii proximus septemptrioni a vico Fabrorum ad plateam dictam Rossebohil seu ecclesiam montis Marie supra dictam.
Opidum dividens latus orientale ut supra a meridie in septemptrionem.
Omnes vici predicti a vico piscatorum usque hoc inclusive ab oriente tendunt in occidentem.
Samysdagisberg sancti Nicolai, Rossebohil montis Marie ecclesiarum platea predictarum, differentiis prefatis, cum omnes et quasi quadraturam contineant, non signantur.

TRANSITUS.

Predicatorum et Fabrorum vicorum septem.
Primus, proximus meridiei, Arnsburger Gazzo, a curia Arnsburg ad portam occidentalem meridionalem cemiterii sancti Barth. supradicti.
Secundus, Schildergazze, a porta respiciente meridiem cemiterii predicatorum ad oppositum porte orientalis septemptrionalis cemiterii ecclesie sancti B. memorati.

Tertius, Mengozgazze, a porta occidentali meridionali cemiterii
predicatorum ad puteum quasi dictum Lumpenburnen.

Quartus, Hachinbergis Gazze, a porta occidentali septemptrionali cemiterii predicatorum ad oppositum fontis dicti Gra-
benburnen.

Quintus, Ysaldengazze, angularis ab oriente et vico predicatorum ad occidentem et vicum Hachinbergisgazze jam dictam.

Sextus, Volradisgazze, a curia dicta Schelmenhof ad oppositum
medii, quasi inter vicos textorum et sancti Anthonii.

Septimus et ultimus, Rodingazze, proximus septemptrioni a puteo dicto Rodinburnen ad oppositum quasi vici S. Anthonii.

Piscatorum et Judeorum, unus tantum ad portam meridionalem
orientalem cemiterii Ecclesie sancti Barth. supradicti.

Carnificum et Judeorum duo
orientalis ad portam meridionalem occidentalem ejusdem cemiterii.
occidentalis ad aciem respicientem meridiem et occidentem
cemiterii ejusdem.

Judeorum et Doliatorum tres
orientalis contiguus cemiterio eidem versus occidentem.
medius ad puteum dictum Wobelinesburnen.
occidentalis est domus panum.

Sancti Spiritus et Doliatorum duo
orientalis domus macellorum.
occidentalis vicus arctus vitrorum.

Doliatorum et Institorum quatuor.
orientalis Kolmannisgazze, proximus cemiterio prefato versus
occidentem.
camere nove.
camere antique dicte vulgariter duchgaden.
vicus occidentalis macellorum.

Institorum et platee Samysdagisberg, latere meridionali, quinque
infra vicum macellorum et plateam jam dictam videlicet
Cerdonum, Calcificum, Gladiatorum, Linificum, Cordariorum,
omnes versus meridiem concurrentes.

Institorum et Textorum duo
orientalis Luprandisgazze, ad aciem respicientem occidentem
et septemptrionem capelle S. Michaelis pronominate.

occidentalis, Nuwegazze, ad plateam dictam Frythof ex opposito Camerarum prefatarum.

Institorum in so ipsum, unus, Glaubergergazzc, ad plateam Frythof prenominatam (et platea Frythof: (hoc in margine).

Textorum et Nuwegazzc duo, infra vicos Nuwegazze et vicum opidum dividentem, orientalis et occidentalis in deme Sagke, vico sic dicto concurrentes.

Textorum et sancti Anthonii, quinque Lyntheymcrgazze ad ecclesiam sancti Johannis predictam. Geylinhusirgazze, ad cemiterium ejusdem ecclesie. Steynengazze, quasi ad vicum Luprandisgazze, sed plus ad orientem. Cruchingazze, ad vicum Nuwegazzc. Zygilgazzc de platea Rossebohil supradicta.

Textorum et opidum dividentis, unus, angularis, Salmansgazzc, infra vicos Zygilgazze et opidum dividentem.

Omnes vici transitus prefati siti sunt a meridie ad septemptrionem preter predicatorum et fabrorum qui ab oriente in occidentem.

INPERTRANSIBILES.

Predicatorum unus, Fronhofisgazze, ex opposito porto orientalis meridionalis cemiterii ecclesie St. Barth. memorati.

Fabrorum unus, dictus vf der Swines mystin, infra vicos quartum et sextum transitus vicorum predicatorum et fabrorum. Ambo predicti laterum orientalium.

Piscatorum unus, infra portas eorumdem et carnificum.

Sancti Spiritus unus, contiguus hospitali ad portam Mogi. Ambo predicti laterum meridionalium.

Institorum unus, latere septemptrionali, ex opposita vico Cordariorum, dictus Rulmergazze.

Textorum lateris meridionalis duo, infra vicos Luprandisgazze et Nuwegazze; orientalis Volmarisgazze, occidentalis Wunnebergisgazze, ambo tendentes super fossatum opidum transiens.

Item lateris septemptrionalis tres, infra vicos Steynengazze et Cruchingazze, orientalis Munzchofisgazze. medius Rabingazze. occidentalis Palmistorphersgazze.

Duo infra vicos Cruchingazze ot Zygilgazzc, orientalis Gysin, occidentalis Albrachisgazze, retro concurrentes.

Sancti Anthonii, latere meridionali unus, infra vicos Steynergazze et Cruchingazze, platea retro curiam Munzehof dictus Munzehofisplan.

Item latere septemptrionali quatuor, infra ecclesias sanctorum Marie et Anthonii, orientalis contiguus claustro S. Anthonii predicti, dictus Ortwinesgazzo.

medius orientalis ex opposito platea retro curiam Munzehof prefate, dictus Aschaffinburgisgazze.

medius secundus seu occidentalis ex opposito medio inter vicum Cruchingazze et plateam Rossobohil.

occidentalis prope ecclesiam montis Marie prefatam, dictus Ertmarisgazze.

Omnes inpertransibiles siti sunt a meridie in septemptrionem preter predicatorum qui ab oriente in occidentem.

ANTIQUI OPIDI

INFERIORIS PARTIS VICI PRINCIPALES.

Opidum dividens, latus occidentale velut supra.

Sancti Georgii proximus meridiei a porta Mogi dicta farporte ad ecclesiam ejusdem Sti. Georgii.

Arietis, a domo dicta ad Arietem.

Minorum meridionalis a porta meridionali eorumdem.

Minorum septemptrionalis ab acio respiciente septemptrionem et orientem cemiterii eorumdem.

Santgazze ab opposito vici textorum.

Montis Marie, ab ecclesia ejusdem.

Hi sex ab oriente et vico opidum dividente ad occidentem et vicum dictum Kornmertig sunt tendentes.

Vicus Kornmertig, tendit a meridie et ecclesia S. Georgii prodicta ad septemptrionem et portam dictam Bogkinheymer dor antiquam supradictam.

Carmelitarum seu Mentzergazze, ab ecclesia S. Georgii prefata ad portam dictam Mentzer dor.

Penitentum ab opposito vici Arietis ad curiam earumdem.

Wissgerwergazze, ab opposito vici Minorum meridionalis.
Culdingazze, a puteo dicto Lusenburnen et opposito vici Santgazze prenotati.
Hi quatuor ab oriente et vico Kornmertig ad occidentem et murum opidi prefati sunt tendentes.

TRANSITUS.

Opidum dividentis et pistorum unus, Albartisgazze, ad plateam
Samysdagisberg.
Sancti Georgii et Arietis tres
orientalis pistorum
medius Rano
occidentalis Drutmannisgazze.
Arietis et minorum meridionalis unus, Goltsteynisgazze.
Minorum septemptrionalis et Santgazze unus, Snabilsgazze ad
januam septemptrionalem ecclesie eorumdem.
Santgazze et vici Montis Marie unus, Santburnengazze, a puteo
dicto Santburnen.
Santgazze et Kornmertig, unus, angularis.
Carmelitarum et penitentum quatuor
unus Hellergazze infra vicum Kornmertig et claustrum Carmelitarum.
tres inter claustrum idem ad murum opidi
orientalis proximus Carmelitis ad januam meridionalem orientalem ecclesie penitentum
medius ad januam meridionalem occidentalem ecclesie earumdem
occidentalis contiguus muro opidi prenotati.
Penitentum et Wyssgerwergazze unus, Michilsgazze.
Wyssgerwergazze et Guldingazze tres
orientalis Dyderichisgazze primus
medius   „   secundus
occidentalis Rotingazze, hic proximus muro opidi memorati.
    Omnes vici prefati a meridie ad septemptrionem sunt
    tendentes.

INPERTRANSIBILES.

Opidum dividentis unus, Bruninfelsgazze, latere occidentali inter
vicos Santgazze et montis Marie.

Sancti Georgii latere meridionali unus ad portam Mogi, Wysingazze.

Montis Marie latere meridionali tres
unus inter plateam Rossebohil et vicum Santburnengazze.
duo inter vicum jamdictum et vicum Kornmertig, medius et occidentalis.

Kornmertig, latere occidentali proximus muro opidi unus, Dorburnengazze.

Carmelitarum latere meridionali tres, orientalis, medius, occidentalis, retro prope fontem Dumpilburnen ad murum opidi concurrentes.

Latere septemptrionali tres
unus inter claustrum et vicum transitus orientalis eorumdem, orientalis.
duo inter vicos transitus medium et occidentalem eorumdem, medius et occidentalis.

Guldengazze, latere septemptrionali duo, orientalis Strebegazze, occidentalis Walthersgazze. Ambo tendunt ad murum opidi prenotati.

Omnes vici inpertransibiles prefati a meridie ad septemptrionem tendunt preter Dorburnengazze, qui tendit ab oriente in occidentem.

NOVI OPIDI

SUPERIORIS PARTIS VICI PRINCIPALES.

Rydergazze, a porta eadem ad portam antiquam opidi dictam Burnheymerdor, et vicum Fridebergergazze.

Forum pecudum, a porta burnheymer jamdicta et vico frideberger jamdicto, ad claustrum sancte Katherine, portam antiquam Bogkinheymer dor, vicumque Eschersheymergazze opidum dividentem.

Ab oriente in occidentem ambo hi tendunt.

Burnheymer gazze, a vico Rydergazze quasi ex opposito vici judeorum, plus tamen ad occidentem.

Frideberger gazze, a porta antiqua opidi dicta Burnheymer dor ad portam novi opidi dictam Frideberger porte.

A meridie ad septemptrionem hi ambo tendunt.

TRANSITUS.

Fori pecudum et Frideberger gazze unus orientalis opilionum.
Fori pecudum et Eschersheymergazze opidum dividentis unus,
occidentalis Froschgazze.
A meridie ad septemptrionem hi sunt siti, angulares.

INPERTRANSIBILES.

Rydergazze, latere meridionali unus judeorum a cemiterio co-
rumdem et fossato antiquo opidi ad vicum Rydergazze ex
opposito quasi Burnhcymergazze, sed plus ad orientem.
Item latere septemptrionali unus, dictus Klappergazze.
A meridie ad septemptrionem ambo hi sunt siti, angulares.
Burnhcymergazze, latere orientali unus, latere occidentali unus,
Lytzengazze.
Fredebergergazze, latere orientali unus, ex opposito vici opi-
lionum.
Ab oriente in occidentem hi tres sunt siti, angulares.

NOVI OPIDI

INFERIORIS PARTIS VICI PRINCIPALES.

Opidum dividentis latus occidentale sicut supra.
Mentzergasse, a porta antiqui opidi dicta Bogkinheymer dor ad
portam novi opidi dictam Mentzer- seu Galginporten.
Bogkinheymer gazze, a porta antiqua opidi ad portam novi
opidi que Bogkinkeymer dor nuncupatur.
Ab oriente in occidentem sunt hi duo siti.

TRANSITUS.

Opidum dividentis et Bogkinheymer gazze unus ab oriente et
acie respiciente orientem et meridiem vici opidum dividentis
ad occidentem, Denengazze.
Mentzer et Bogkinheymergazze unus, forum equorum, a meridie ad septemptrionem et ad Denengazzen tendens.

INPERTRANSIBILES.

Mentzergazze, latere septemptrionali, unus.
Bogkinheymergazze, latere meridionali duo, primus et secundus.
Ab oriente in occidentem hi tres sunt siti.

Denengazze, latere septemptrionali, unus, in plures divisus.
A meridie in septemptrionem.

SASSINHUSEN.

SUPERIORIS PARTIS VICI PRINCIPALES.

Rodergazze seu Sancte Elyzabeth, proximus meridiei seu campo
a porta versus Rode superiorem, dictam Affinporto, ad ecclesiam ejusdem S. Elyzabeth.

Vicus Mogi, dictus Meyngazze, proximus septemptrioni seu Mogo
a loco dicto diergarte ad pontem Mogi.

Ab oriente in occidentem duo hi sunt siti.

TRANSITUS.

Inter vicos immediate supra duo
unus ab oriente et vico Mogi ad occidentem et vicum Rodergazze.
alter a meridie et vico Rodergazze ad septemptrionem et
vicum Mogi.

SASSINHUSEN

INFERIORIS PARTIS VICI PRINCIPALES.

Theutonicorum, Sassinhusen dividens velut supra.

Oppenheymer gazze, proximus meridiei vel campo ab ecclesia
sancte Elyzabeth predicta ad hospitale Trium Magorum, deinde Hurtegazze ad portam dictam Oppinheymer dor.

Cerdonium, proximus septemptrioni vel Mogo, a ponte Mogi ad
hospitale predictum, deinde piscatorum ad portam Mogi occidentalem.

Ab oriente in occidentem ambo sunt hi siti.

TRANSITUS.

Inter vicos oppinheymer gazze et cerdonum unus tantum, a meridie ad septemptrionem tendens.

SUBURBIORUM

Antiqui opidi frankef. videlicet campi piscatorum sic dictorum
non sunt vici principales neque transitus, sed tantum unum
latus vici, septemptrionale. Hujus lateris tres sunt vici in-

pertransibiles, orientalis, medius, occidentalis, a meridie ad septemptrionem situati.

SUBURBIORUM.

Sassinhusen duo sunt partes
Meridionalis ante portam dictam Roder seu Affin porte et est unus vicus dictus uf dem Steinwege, a meridie in septemptrionem tendens, cujus duo sunt vici inpertransibiles, orientalis et occidentalis.

Pars occidentalis ante portas Oppinheymer dor et piscatorum, et habet unum vicum dictum an der Oppinheymer strazzen, ab oriento in occidentem, et duo latera vici, unum meridionale inter vicum jamdictum et Mogum, aliud septemptrionale inter predictum vicum atque campum.

ORTORUM

novi opidi tres sunt partes
orientalis seu superior inter stratas Rydern et Frideberg septemptrionalis vel media, inter stratas Frideberg et Eschersheym.
occidentalis sive inferior, inter stratas Eschersheym et Bog· kinheym, in deme Lyndei nuncupata.

Uebersetzung.

Frankfurt ist eine kaiserliche Stadt und besteht aus drei Theilen. Der erste Theil ist die Altstadt, welche in der Mitte liegt und in folgende Grenzen, nämlich die Kirchen der Predigermönche, zu St. Georg, der Reuerinnen, auf dem Marienberg, und des heiligen Antonius, eingeschlossen ist. Der zweite Theil ist die Neustadt, nördlich und links gegen das Feld zu gelegen. Der dritte Theil ist Sachsenhausen, südlich und nach der rechten Seite über dem Main gelegen.

Frankfurt, im Niedgau gelegen, wird 794 zuerst erwähnt: es war ein königlicher Hof (villa regia) und Carl der Grosse hatte daselbst einen Palast, eine Pfalz. An welchem Orte diese gestanden, ist mit Gewissheit nicht anzugeben, der Palast aber, den sein Sohn Ludwig der Fromme im Jahr 822 erneuern oder neu errichten liess, lag an der Stelle des heutigen Saalhofs, der schon in den Urkunden des 14. Jahrhunderts der Sal oder des Reiches Sal genannt wird. Er war wohl ursprünglich befestigt, vor 1257 aber waren die Befestigungen bereits zerstört. Noch 1844 fanden sich Theile der alten Umfassungsmauer vor, während die noch erhaltene Capelle aus dem 12. oder 13. Jahrhundert herrührt. [1]) Die Gegend um den Saalhof namentlich der Römerberg, ist daher als der älteste Stadttheil anzusehen. Dass Frankfurt 838 mit Mauern und Graben umgeben, 862 von Ludwig dem Deutschen erweitert worden sei, beruht nur auf sagenhafter Ueberlieferung. [2]) Dagegen ist der Umfang, den die Stadt in einer früheren Zeit hatte, noch jetzt ersichtlich, indem der damalige Stadtgraben,

---

[1]) Vgl. v. Radowitz die Kapelle im Saalhof und Krieg v. Hochfelden die ältesten Bauwerke im Saalhof, im Archiv für Fr. Geschichte und Kunst, I, 117, III. I,

[2]) Vgl. Thomas Annalen, im Archiv II, 22, 33. Dass Frankfurt 994 befestiget gewesen, geht aus der Bezeichnung castellum hervor. Böhmer Cod. dipl. S. 12.

dessen die Urkunden unter dem Namen Fossatnm häufig erwähnen, [3] sich als die grosse Antauche erhalten hat, welche von oberhalb der Mainbrücke nach dem Frohnhofe, zwischen dem Compostell und der ehemaligen Predigerkirche über die Fahrgasse nach dem Gasthanse zum Württemberger-hof, hinter der alten Dechanei nach der Borngasse, von dort unter dem Hause zum alten Wolf, dem Rebstock und Nürnbergerhof, hinter dem steinernen Hause auf dem Markt und der Schwanenapotbeke nach dem Paulsplatze, von da über den Kornmarkt durch die Schippengasse nach dem weissen Hirsch auf dem Hirschgraben und von da längs des ehemaligen Weissfrauenklosters hinzieht, an welch letzterer Stelle noch Reste der alten Stadtmauer sich befinden. [4] Später, ohne dass die Zeit näher bekannt wäre, wurde dann die Stadt bis an die Grenzen erweitert, welche Baldemar nach den fünf Kirchen angibt und welche noch jetzt in den s. g. Gräben erkennbar sind. Denn auch die erweiterte Stadt war durch Mauern und Gräben befestigt, welche letztere sie in einem Halbkreise auf der Landseite umzogen und ihre Namen beibehielten, als sie später zu Strassen wurden. Es sind dies der grosse und kleine Hirschgraben von der ehemaligen Mainzer- bis zur Katharinen (Bockenheimer)-Pforte, der Holzgraben von da bis zur ehemaligen Bräungesheimerpforte an der Hasengasse, der Zimmergraben bis zur Bornheimerpforte und der ehemals bis an den Main reichende Wollgraben. [5] Diesen Umfang behielt nun die Stadt bis zum Jahre 1333, da Kaiser Ludwig mit Urkunde vom 17. Juli den Bürgermeistern, dem Rath und den Bürgern gemeinlich zu Frankfurt erlaubte, die Stadt zu mehren und zu erweitern, wie es ihnen nützlich sei, und auch weiter mit Mauern und Festungswerken zu versehen. Zugleich bestimmte er, (denn nicht immer erhielten solche Stadttheile gleiches Recht mit der ursprünglichen Stadt, sondern galten als minderberechtigte Vorstädte) dass diese neue Stadt und der neue Begriff (Bezirk) ein Ding sein sollte mit der alten Stadt, dass Alles eine Stadt heissen und sein solle und dass Alle, die darin wohnen, alle Rechte und Freiheiten der Stadt Frankfurt haben sollen, so dass kein Unterschied zwischen ihnen sei. [6] So entstand die Neustadt und erhielt Frankfurt den Umfang, den es noch jetzt hat. Ohne Zweifel war eine Stadterweiterung damals durch dringendes Bedürfniss geboten, aber in dem Umfange, wie sie stattfand, war sie nicht nöthig, denn noch lange gab es grosse freie Plätze und geräumige Gärten in der Neustadt, die nur allmählich sich anbaute. Wenn

---

[3] Vgl. z. B. Urk. von 1304, wonach der Hainerhof zum Theil super fossatum quod transit civitatem liegt. Cod. 859.
[4] Vgl. Frank topogr. Ueberblick S. III. Römer-Büchner Beiträge zur Geschichte der St. Fr. (1853) S. 49.
[5] Frank S. IV. Feyerlein Ansichten I. 138—200. Eine genauere Geschichte und Beschreibung der verschiedenen Stadterweiterungen würde hier zu weit führen.
[6] Priv. Buch S. 20. Cod. 524.

trotz dem der Rath nicht zögerte, einen grösseren Raum wie grade nöthig für die neue Stadtanlage zu bestimmen, und sich hierbei nicht irren liess durch die grossen Kosten, welche die sofort nöthige Befestigung dieses neuen Stadttheils erheischte, vielmehr muthig und ausdauernd an das schwierige Werk ging, also dass er es ungefähr bis 1346 (in welchem Jahre der runde oder Eschersheimer Thurm, diese Zierde der Stadt erbaut wurde) vollendete, so hat er damit ein Beispiel gegeben, welches die Nachkommen jetzt, da unter ungleich günstigeren Verhältnissen nach mehr wie 500 Jahren eine abermalige Erweiterung der Stadt wünschenswerth erscheint, nicht aus den Augen verlieren dürfen. Wie diese Befestigung in ihrer Vollendung ausgesehen, lässt sich aus dem schönen Plane von Frankfurt aus dem Jahre 1552, welcher auch verkleinert dem zweiten Hefte des Archivs für Frankfurt's Geschichte und Kunst beigegeben ist, entnehmen, so wie aus dem ältesten Merian'schen Plane von 1628. Noch in demselben Jahre 1628 erlitt aber die Stadt eine wesentliche Formveränderung, indem damals neue Befestigungen nach dem Vauban'schen Systeme angelegt und vor die bisherigen Mauerwerke gesetzt wurden. Daher zeigen die späteren Merian'schen Pläne die geänderten Festungswerke.[7] Sachsenhausen, wie Frankfurt auf des Reichs Boden gelegen, — ohne Zweifel ging der alte Reichsforst Dreieich auch an dieser Stelle bis an das Ufer des Mains — mag gleichen Alters mit Frankfurt sein, wird aber erst später in den Urkunden erwähnt, zuerst 1193, da Heinrich VI dem daselbst von Cuno von Münzenberg errichteten Hospitale das kaiserliche Allodialgut am Frauenwege (den Sandhof) schenkt,[8] und wird noch 1317 als Dorf (villa) bezeichnet.[9] Zu Baldemars Zeit galt es aber bereits als Theil der Stadt und es ist wahrscheinlich, dass es auch in Folge der von Kaiser Ludwig 1333 erlaubten Stadterweiterung zur Stadt gezogen wurde.

Die Bezeichnung „Altstadt, Neustadt und Sachsenhausen" für die drei Stadttheile blieb lange Zeit in Uebung und wurde auch amtlich gebraucht, wie die Verordnungen in dem Statutenbuche von 1417 beweisen.[10] Ebenso dauerte es lange Zeit, bis die Bezeichnung „Neustadt" verschwand, wofür in späteren lateinischen Schriften sogar die Benennung „suburbium, Vorstadt" üblich wurde,[11] und noch jetzt weisen manche Einrichtungen z. B. die Bestimmungen des Holzfuhrlohns, auf diese Unterscheidung hin.

---

[7] Vgl. Reiffenstein über den Merian'schen Plan, im Archiv V. 125. Eine Geschichte der Frankfurter Befestigung ist noch zu schreiben: sie würde von grossem Interesse sein. Der verdiente Batton hat auch dazu tüchtige Vorarbeiten hinterlassen. Ueber den Untergang der Festungswerke vgl. die Angaben in Feyerlein's Ansichten.

[8] Cod. 18 Sassenhausen prope Franchenvurt juxta ripam Möni.

[9] Cod. 437. Selbst noch 1373 wird es Dorf genannt! Cod. 737.

[10] Sollten alle Stadttheile benannt werden, so wurden auch noch die Vorstädte „uff dem Steinwege vnd uff dem Fischerfelde" zugesetzt. Vgl. Archiv VII. 147.

[11] Z. B. in den Annalen von Johannes Fichard von 1513—1544 in Fichard Frankf. Archiv I. 85.

Die Theile der Altstadt werden gebildet durch die Strasse von der Mainpforte der alten Stadt, genannt Fahrpforte, bis zu der oben genannten Kirche auf dem Marienberg.

Zu Baldemars Zeit waren die Benennungen Römerberg und unter den neuen Krämen noch nicht aufgekommen; erstere entstand erst, nachdem 1405 der Rath das Haus zum Römer von der Familie Köllner erkauft und zum Rathhause gemacht hatte, [12] (die grossartigen Hallen unter demselben hat der Stadt Werkmeister Friedrich Königshofen laut eines noch vorhandenen Vertrags vom 13. October 1406 erbaut), letztere noch später zur Zeit der Reformation, da an die Stelle des alten Barfüsserkirchhofs eine Reihe neuer Krämen gesetzt wurde. Die Strasse, welche die alte Stadt in einen östlichen und westlichen Theil schied, hiess nach Batton's Notizen die Schieds- oder Scheidgasse. Die Fahrpforte oder das Fahrthor, war das älteste und ansehnlichste Stadtthor nach dem Main: das erst in unseren Tagen abgerissene Thorgebäude, welches in den früheren Zeiten auch als Trinkstube benutzt wurde und in welchem von 1394 bis 1406 das Schöffengericht seine Sitzungen hielt, wurde 1388 erbaut [13]). Der Marien-, später Liebfrauenberg genannt, hiess zuerst der Rossebühel, wird 1280 als Markt (forum) bezeichnet und mag wohl damals der Pferdemarkt gewesen sein, woraus sein Name sich erklärt. [14])

Die Theile der Neustadt werden gebildet durch die Eschersheimergasse, von dem St. Catharinenkloster an bis zu dem Eschersheimerpforte genannten Thor der Neustadt.

Ein Beweis, dass die jetzt übliche Benennung Eschenheimergasse nicht die richtige ist.

Die Theile Sachsenhausens werden von Mittag nach Norden durch die Strasse geschieden, welche von der Kirche der h. Elisabeth an das Brückenthor zieht.

Das Hospital in Sachsenhausen, von dem Reichsministerialen Cuno von Münzenberg am Main erbaut und 1193 zuerst erwähnt, wurde 1221 von Kaiser Friedrich II. sammt dem Hause und der Kirche den Hospitalbrüdern der h. Maria im deutschen Hause zu Jerusalem (dem deutschen Orden) geschenkt, nachdem der Sohn des Stifters, Ulrich von Münzenberg, diese sämmtlich auf des Reiches Boden errichteten Gebäulichkeiten mit allen Zubehörden, einen Thurm im Wasser ausgenommen, dem

---

[12]) Ueber den Römer und die verschiedenen Häuser, welche mit ihm vereinigt wurden, vgl. Fichard in der Wetteravia und Steitz in dem Werke: die deutschen Kaiser, nach den Bildern des Kaisersaals, mit den Lebensbeschreibungen der Kaiser von Schott und Hagen.

[13]) Vgl. Aufsatz und Abbildung im Archiv I. 129.

[14]) Cod 201. Auch der Ochsenmarkt wurde da gehalten, ehe er auf den Rossmarkt an die Maternus-Kapelle gelegt wurde. Arch. VII 149.

Kaiser wieder zugestellt hatte. Eine neue Kapelle daselbst wird 1270 erwähnt: es ist dies die Elisabethen-Kapelle, welche 1287 aus der Schenkung der Elisabeth, des Conrad Colbe Wittwe, einen eigenen Priester erhielt und von der mit dem Bilde der h. Maria gezierten Kirche ausdrücklich unterschieden wird. [15]) Diese Kapelle nun stand, wie Batton angibt, auf dem Kirchhofe der dentschen Herren, der hinten auf die Stadtmauer stiess und später durch eine Mauer in zwei Theile getheilt worden war. Der vordere Theil diente nach wie vor als Begräbnissstätte für die Katholiken in Sachsenhausen, der hintere Theil wurde vermiethet. Im Jahr 1809 wurde die Kapelle abgerissen und eine neue Strasse (die jetzige Kirchhofsstrasse) angelegt: der Wirth zum Tannenbanm erhielt den vorderen Theil des Kirchhofs bis zur neuen Strasse, den hinteren Theil der Wirth zur Sonne. Baldemar nennt zwar hier die Elisabethenkirche, meint aber sicherlich die gedachte Kapelle, welche, wie auch der Stadtplan von 1552 zeigt, dem Brückenthurm gerade gegenüber neben der Stelle lag, an welcher jetzt das Lindheimer'sche Eckhaus stehet, und daher die von der Brücke herkommende Hauptstrasse abschloss. Uebrigens werden noch jetzt in Sachsenhausen die Ober- und Unterhäuser unterschieden.

Die Hauptstrassen des oberen Theils der alten Stadt. [16])

Die Prediger-, chemals Stegeburnengasse, am meisten nach Osten gelegen, von dem Arnsburger Hof nach dem Brunnen genannt Rodinburnen führend.

Jetzt Klostergasse, früher hinter den Predigern. Nach Batton führte der Stegborn seinen Namen von einem ihm gegenüber gelegenen Stege. Der Rotheborn (Alands-Brunnen) stand damals noch wider der Rothenbadstube am Eingang der Predigergasse.

Die Schmied- oder Fahrgasse, von der Mainbrückenpforte bis zur Pforte genannt Bornheimerthor in der Altstadt.

Beide Strassen gehen von Mittag nach Norden.

Die Gasse der Hufschmiede ging anfänglich von der grossen Antauche bis zur Bornheimerpforte, deren Namen sich noch erhalten hat, obwohl der Thurm im 17. Jahrh. niedergerissen wurde; von der Brücke bis zur Antauche — dem alten Stadtgraben — ging die Fahrgasse, die 1284 zuerst urkundlich genannt wird. (Cod. 215.)

---

[15]) Cod. 18. 31. 94. 155. 230. Kirchner Gesch. I. 234 gibt an, dass die Wittwe Diemer 1250 dem Orden ihre ansehnliche Hofraithe vermacht habe und dass aus dieser Stiftung die beiden Kapellen der h. Maria und Anna auf der Trappanei und der h. Elisabeth an der Strasse zweifelsohne erbaut worden seien.
[16]) Diese Theile wurden die Ober- und Niederstadt genannt. Feyerlein I. 142.

Fischergasse, von der Fischerpforte am Main bis zur Metzgerpforte am Main.

Metzgergasse, von der Metzgerpforte am Main bis zum heiligen
Geist Hospital.

Beide Strassen zunächst nach Mittag zu gelegen.

Das h. Geist Hospital, welches bis zu seiner 1840 stattgehabten Verlegung an den Rechneigraben (gleich vielen andern an Flüssen gelegenen
H. Geist Hospitälern) am Mainufer lag, wird 1278 zuerst urkundlich erwähnt: es bestand aber wohl schon länger, obgleich der Nachricht nicht
zu trauen ist, dass bereits 1142 die Kapellen im Hospitale und im Kran-
kenhause geweiht worden seien, [17]) und es mag denn, wie auch anderwärts
geschehen, das bereits bestehende Hospital dem 1198 bestätigten Orden
des h. Geistes später übergeben worden sein. Es war mit einem Kirchhofe umgeben, in welchem 1315 Heinrich Crig eine Kapelle und ein Haus
zur Aufnahme armer Reisender (die s. g. Elende Herberge) erbaute. (Cod.
415.) Im 15. Jahrhunderte wurde die Hospitalkirche erbaut, und am 21.
März 1468 geweihet: aus gleicher Zeit rührte die schöne Krankenhalle
her, deren Schlussstein die Jahreszahl 1461 trug und deren Abbruch nicht
genug bedauert werden kann. [18])

Judengasse, von der Schmiedegasse und dem nach Osten und
Süden sehenden Ecke des Kirchhofs der Kirche des h. Bartholomäus bis zu dem gedachten Hospitale ziehend.

Kein Theil der Altstadt hat seit Baldemars Aufzeichnung eine so grosse
Veränderung erlitten, als die Gegend um den Dom. Hier lag damals die alte
Judengasse, welche ihren Eingang in der Fahrgasse zwischen dem heutigen
Fürsteneck (an dessen Stelle zu jener Zeit auch Judenhäuser standen, vgl.
Römer, Beitr. S 38.) und dem Pfarrkirchhofe hatte und von da bis zum h. Geist-
hospital ging. Der Pfarrkirchhof aber nahm seinen Anfang an dem Ecke
des Garküchenplatzes, machte das Eck der Judengasse und lief dann ab-
wärts bis zu der s. g. Affengasse, bei welcher er das süd- und westwärts
schauende Eck bildete. Diese Affengasse stiess bei dem Frasskeller (jetzt
das Haus M. 217) an die Bendergasse und lag dem Leinwandshause oder
der Schlachthausgasse gegenüber. Weil man es später unpassend erach-
tete, dass die Juden in der Nähe der Hauptkirche wohnten und dorten
ihre Schule hatten, wurden sie 1462 trotz grossen Widerstrebens aus ihrer
Gasse gewiesen und auf den Wollgraben versetzt, woselbst ihnen der

[17]) Thomas Annalen, Arch. II. 55. Römer, Arch. V. 180. Denn diese
bei Dodechin enthaltene Nachricht betrifft wohl die Kapellen im Kloster
Dissibodenberg, in welchem der Mönch Dodechin lebte.
[18]) Vgl. Böhmer im Archiv III. 75. Fürsprachen für die Halle des
Heiligengeisthospitals. Offenbach 1840. — Die Kapelle im Hospital wird
1293 zuerst erwähnt. Cod. 280.

Rath einen wüsten Platz, die jetzige Judengasse, zur Wohnung überliess, doch also, dass der Grund und Boden bis auf den heutigen Tag Eigenthum hiesiger Stadt verblieben ist.[19]) Noch jetzt aber sind die Ueberreste der alten Judenschule, der Schmiedstube gegenüber, vorhanden. Der Pfarrkirchhof hatte danach einen weit grösseren Umfang wie jetzt. Erst durch den Vergleich vom 3. Januar 1571 trat das Domstift dem Rathe einen grossen Theil des Kirchhofs ab, welcher dann einen Theil des jetzigen Garküchenplatzes und Weckmarktes bildete.[20]) Damals hörte auch die Affengasse auf, d. h. ihr Raum wurde ebenfalls zu dem Weckmarkte gezogen und die auf ihrer Westseite gelegenen Häuser (das Lämmchen u. s. w.) lagen nun am Weckmarkt.

Die Domkirche selbst ist aus der königlichen Kapelle entstanden, welche schon 874 erwähnt wird, da König Ludwig der Deutsche die ihr von der Ruotlint' gemachte Schenkung beurkundet, und welche zu Ehren des Erlösers erbauet war, wie König Ludwig der jüngere 880 angibt.[21]) Derselbe verordnete zugleich, dass an dieser Salvatorskapelle zwölf Cleriker unter einem Abte Gott dienen sollten, zu der Kirche kam also auch ein Collegiatstift und später wurden beide nach dem h. Bartholomäus genannt, der schon 1215 in dem Siegel der Kirche als ihr Schutzheiliger erscheint. Die alte Salvatorskapelle stand an der westlichen Seite der jetzigen Domkirche; 1236 wurde sie neu gebaut; sie hatte zwei Thürme im Westen, und wahrscheinlich auch zwei Thürme im Osten neben dem Chore, woselbst auch auf jeder Seite eine Kapelle, nördlich die St. Katharinen Kapelle,[22]) südlich die St. Wolfgangs Kapelle, angebaut war. Im 14. Jahrhundert fand dann der Umbau der Kirche und deren Vergrösserung zu dem Umfange statt, den sie noch jetzt hat; die alte St. Bartholomäikirche ist nur noch zum Theil in dem westlichen Langhause des jetzigen Doms vorhanden. Der alte Chor mit den beiden östlichen Thürmen wurde 1315 abgebrochen und der neue 1338 eingeweiht, die Flügelgebäude mit den beiden Haupteingängen, der Marien- und der rothen Thüre, wurden 1346 bis 1352 errichtet, die kaiserliche Wahlkapelle an der Ostseite des

---

[19]) Vgl. Kirchner Gesch. I. 449. Bender, Zustand der Israeliten zu Frankfurt (1833) S. 10. Der Judenbezirk wird zuerst 1270 erwähnt, da der Hof des Juden Michael unter den Juden (inter Judaeos) vorkommt. Die Judenschule findet sich 1288 genannt, die Judenbadstube 1323. Cod. 155. 240. 469, die Judengasse, strata Judaeorum prope pontem, 1326. Gudenus Cod. dipl. III. 1241. Würdtwein nova Subs. dipl. III. 168.

[20]) Römer-Büchner Beiträge S. 74. Wahl- und Krönungskirche zu St. Barthol. (1857) S. 36. — Dass übrigens dessen Behauptung S. 47. — erst 1399 sei der Pfarrkirchhof angelegt worden und bis dahin habe die Barth. Kirche ganz frei gestanden — auf Irrthum beruht, geht aus Baldemar's Angaben genugsam hervor.

[21]) Cod. 3. Arch. VIII. 100.

[22]) Diese Kapelle wird 1260 zuerst erwähnt, C. 124. Nach Feyerlein II. 83 war sie nicht an die Kirche angebaut. Von ihr wurde die nördliche Thüre der Kirche die Katharinenthüre genannt. Würdtwein Subs. I. 126.

Chors wurde 1355 erbaut, der Grundstein zum Kreuzgang 1348 gelegt.
Erst 1415 aber wurde mit dem Bau des Pfarrthurms begonnen und derselbe 1512 vollendet. ²³)
Der Bau des Pfarrthurms brachte wieder eine wesentliche Veränderung
in dieser Gegend hervor. Hierüber gibt der Vertrag, den der Rath mit
dem Stifte am 7. Juni 1414 abschloss, die beste Auskunft. ²⁴) Da nämlich
der Rath und das Stift einsahen, dass die zwei Glockenthürme der Kirche
(dies waren die oben erwähnten westlichen Thürme der alten Kirche) sehr
baufällig waren, so beschlossen sie einen neuen Glockenthurm und Kreuzgang zu bauen und um dazu Raum zu schaffen, überliess der Rath dem
Stifte um sehr mässigen Preis das alte Rathhaus mit dem dahinter stehenden Hause und Hofe, gelegen zwischen dem Pfarrkirchhofe und dem
Hause Rodenstein, hinten an das Haus zum Frasskeller stossend. So
wurde also damals das alte Rathhaus abgerissen, dessen in einer Urkunde
von 1288 zuerst gedacht wird und dessen Lage in der Nähe der rothen
Thüre der alten Kirche die älteste Gerichtsstätte Frankfurts bezeichnet. ²⁵)
Heilige Geistgasse, von diesem Hospitale zu der Fahrpforte am
Main, gegen Mittag gelegen.

Hiess auch Gläsergasse (vicus vitrorum), jetzt Saalgasse, von dem darin
liegenden Saalhofe.

Bendergasse, von der südwestlichen Pforte des St. Bartholomäus
Kirchhofs bis zu der südöstlichen Ecke der Kapelle des
h. Nicolaus.

Beide gehen auf die Schiedsgasse.

Zur Bendergasse wurde damals noch die Strecke über den Krautmarkt
bis an den Weckmarkt gerechnet. Die Nicolai-Kapelle wird 1264 zuerst
urkundlich erwähnt: sie stand unter einem Rector, gehörte dem Reiche
und wurde 1292 von König Adolf dem St. Bartholomäistift übergeben,
doch dass die Ernennung des Priesters daran dem Könige verbleibe
(C. 132. 171. 273). Hieraus lässt sich schliessen, dass sie von des Reichs
wegen und auf des Reiches Boden erbaut worden, wann diess aber geschehen, ist unbekannt. Zwar wird die von Dodechin, dem Fortsetzer
der Chronik des Marianus Scotus, zum Jahr 1142 gegebene Nachricht,
dass damals die Kapelle des h. Nicolaus in hospitali geweihet worden
sei, auch auf diese Nicolai Kapelle bezogen, jedoch, wie schon oben

---

²³) Vgl. v. Fichard Wetteravia I, 1. Römer-Büchner Wahl und
Krönungskirche, besonders S. 16. 20. 22. 30. 33. 37.
²⁴) Abgedr. bei Passavant Gesch. des Pfarrthurm-Bau's, im Archiv III. 30.
²⁵) Vgl. C. 236 (Domus consilii) und Böhmer im Archiv III. 122. Schon
1329 hatte K. Ludwig den Bürgern zu Fr. erlaubt, ein anderes Rathhaus
zu bauen (C. 497), aber erst 1405 wurde der Römer zu diesem Zwecke
erkauft und damit das alte Rathhaus überflüssig.

bemerkt, wohl mit Unrecht. [26]) Später bis zur Reformationszeit wurde in
dieser Kapelle die Rathsmesse gehalten; mit der Kirche war ein Spital verbun-
den und der Rath der Verweser der Almosen (des Almosenkastens) zu St. Nicolaus, wie z. B. in der Satzung Werner Dulings von 1494 bemerkt ist. [27])
Die Drehergasse, von der Fahrgasse und dem Brunnen, genannt
Lumpenburnen, bis an die nordwestliche Ecke der St. Mi-
chaels-Kapelle auf dem Kirchhofe der St. Barth. Kirche.
Die Dressel, Dressler oder Drehergasse zerfiel später in die s. g. Kannengiessergasse (unter den Kannengiessern C. 753.) und in die Gegend
hinter dem Pfarreisen, wo der Hainerhof, einer der ältesten Klosterhöfe
der Stadt, mit der St. Bernhards-Kapelle lag. Der Lumpenbrunnen, von
einer nächst dabei wohnenden Familie so genannt, hiess später der Land-
brunnen. Die Michae's-Kapelle, welche 1297 zuerst erwähnt wird, war
die Todten-Kapelle auf dem Pfarrkirchhof, der auch die Nordseite der
Kirche umgab: in ihr waren mehrere Altäre, deren oberer über den Ge-
beinen der Todten (super ossa mortuorum) 1300 urkundlich vorkommt. [28])
Dieser nördliche Theil des Kirchhofs hiess später das Pfarreissen, der
Name wird davon hergeleitet, dass bei dem Eingange vom Markte her ein
eisernes Gitter befindlich oder dass der Platz, um das Vieh abzuhalten,
mit eisernen Rosten versehen gewesen sei: schon 1280 wird übrigens bei
der Beschreibung des Hauses eines unter den Juden wohnenden Mannes bemerkt dasselbe sei bei dem Eisen der Kirchhofspforte gelegen, [29]) und es
mag unter diesen Eisen wohl ein eisernes Gitter oder Geländer gemeint sein.

Krämergasse, von der nordwestlichen Kirchhofspforte und dem
südwestlichen Ecke der gedachten Kapelle bis zu dem Platz
genannt Samstagsberg.

Die Krämergasse, auch Kramladengasse (vicus apothecae), ist der heutige Markt. Der Samstagsberg, mit welchem Namen jetzt der Platz an
der Nicolaikirche beze'chnet wird, (hier liess 1430 der Rath die neuen
Hütten errichten, in denen das Fischwerk feilgehalten werden sollte, Archiv VII, 161) umfasste damals den ganzen Raum von dieser Kirche bis
an den Markt.

---

[26]) Vgl. Wetteravia I. 55. Archiv I. 127. Vorträge bei der Wiederer-
öffnung der St Nicolaikirche 1847. S. 16.
[27]) Archiv V. 44. Eine auch den „spital St. Niclaskirche" betreffende
Rathsordnung von 1426 s. im Arch. VII. 142.
[28]) C. 315. 329. Römer Beitr. 74. In Mainz waren solche Michels-
kapellen auf sieben Kirchhöfen. Schaab Gesch. I. 364.
[29]) Fridericus qui moratur inter Judaeos, verpfändet Zinsen in domo
sua apud ferrum porte cimiterii sita. C. 201. Vgl. Frank S. 68. Römer Beitr. 74. Eine Rathsordnung von 1463 verbot das Feilhalten in dem
Isen vor der pharre. Arch. VII. 141. Es heisst auch cancellum ferreum
cimiterii. Würdtw. subs. I. 126. Feyerlein II. 83.

Weber- oder Snargasse, von der Fahrgasse und dem nordöstlichen Ecke der St. Johanniskirche bis zur Schiedsgasse.

Von dem Getöse der Webstühle der hier wohnenden Wollenweber erhielt die Strasse den Namen Schnarr-, jetzt Schnurgasse, der urkundlich schon 1280 vorkommt. (C. 201) Wie zahlreich die Weber hier gewesen sein müssen, geht aus der Grösse der nach ihnen benannten Gasse hervor. Ueber die Bedeutung dieses Gewerbe gibt Mone in der Zeitschrift für die Geschichte des Oberrheins IX. 129. viele Nachweise. — Die Johanniter erhielten schon 1294 einen Hof, ihr Haus wird 1315 zuerst erwähnt (C. 286. 412), König Ludwig schenkte dem Orden damals einen kleinen anstossenden Platz.

Sanct Antonius Gasse, zunächst nach Norden gelegen, von der Fahrgasse bis zu dem Platz genannt Rossebühel oder der Kirche auf dem Marienberg.

Jetzt Döngesgasse, von der ehemaligen Antoniter Kirche genannt. Im Jahr 1236 schenkte der Bürger Berthold Presto seinen Hof nächst der nach Breungesheim führenden Pforte den Brüdern des h. Antonius und schon 1305 kommt die Antoniusstrasse vor (C. 62. 365.). Sie erbauten in diesem Hofe eine Kirche und Baldemar bezeichnet ihren Sitz als ein Kloster. Im Jahr 1628 ging der Antoniterhof auf die Kapuziner über und nach dem Brande von 1719 errichteten diese hier ein neues Kloster sammt Kirche: dieses wurde 1803 von dem Rathe verkauft und von dem Käufer abgebrochen. [30])

Die Ostseite der Schiedgasse, wie oben gesagt, von Süden nach Norden.

Alle diese Gassen von der Fischergasse bis hierher gehen von Osten nach Westen.

Der Samstagsberg, der Platz an der St. Nicolauskirche, der Rossebühel, der Platz an der Marienbergkirche, deren Lage schon erwähnt ist und welche auch gewissermassen je ein Viereck bilden, bedürfen keiner weiteren Bezeichnung.

Durchgänge.

(d. h. die kleinen Gassen, welche zwischen den grösseren durchgehen.)

Zwischen der Prediger- und Schmied- (Fahr-) Gasse giebt es sieben. Der erste, am südlichsten gelegen, die Arnsburger Gasse, geht von dem Arnsburger Hof an die südwestliche Pforte des obengedachten St. Barth.-Kirchhofs.

---

[30]) Vgl. Steitz, Antoniterhof in Fr. im Archiv VI. 114.

Heisst jetzt Predigerstrasse. Das Kloster Arnsburg war in Frankfurt reich begütert. Im Jahr 1223 schenkten ihm Baldemar, Bürger in Frankfurt und dessen Ehefrau Cristantia ihr neues bei der Brücke erbautes Haus mit seiner Hofstätte (C. 40). Noch in demselben Jahre gab ihm der Frankfurter Bürger Harpernus mit seiner Ehefrau Cristine seinen Hof, der ausserhalb Frankfurt neben dem Fronhof lag. Dazu erwarb es 1230 auch den Riederhof bei Frankfurt (C. 53). Der Burger Rüdeger, genannt Preco, und dessen Ehefrau übergaben ihm 1267 ein Haus, bei den Predigern gelegen, einen Garten in der Lindau und andere Güter (C. 141). Einen anderen Hof in Frankfurt erkaufte es von dem Canonicus Rüdeger und verlieh ihn 1268 dem Herrn Gottfried von Eppenstein und dessen Gemahlin auf Lebenszeit mit der Bedingung, dass alle grösseren und kleineren Gebäulichkeiten, welche diese in dem Hof (curia) erbauen würden, nach deren Tode dem Kloster gehören sollten. [31]) Ferner schenkte ihm 1279 Conrad von Wullenstet mit seinen Schwestern Haus und Güter in Frankfurt (C. 194), dann 1280 der Cleriker und Arzt Jacob seinen Hof in Frankfurt mit allen Gebäuden und Zubehörungen (C. 199), sowie 1301 die Begine Adelheid ihr Haus in Frankfurt, bei dem Hause der Kinder von Wollinstat gelegen (C. 339), also wohl bei dem Hause, welches das Kloster 1279 von diesen Geschwistern erhalten hatte. Diese verschiedenen Häuser und Höfe scheinen alle in derselben Gegend gelegen zu haben und wie die Klöster ihren Besitz immer zu arrondiren suchten, so ist es wohl auch hier dem Kloster Arnsburg gelungen, ein ansehnliches zusammenhängendes Besitzthum zu erlangen, welches noch jetzt den Namen Arnsburger Hof führt. In ihm befand sich die St. Jacobs Kapelle. Der am Fronhof gelegene Hof lag zwar 1223 noch ausserhalb der Stadt, wohl nicht lange darauf und jedenfalls vor der 1333 stattgehabten Stadterweiterung wurde aber auch diese Gegend zur Stadt gezogen (denn Baldemar rechnet den Fronhof zur Altstadt) und so konnte also auch dieser Hof mit den andern Arnsburger Häusern vereinigt werden. Vielleicht geht grade auf diesen Hof der Freibrief König Heinrich's von 1228, wonach dieser das Kloster von der Verpflichtung befreit, das königliche Hofgesinde apud Fr. in curte sua zu beherbergen. (C. 52.)

Der zweite (Durchgang ist) die Schildergasse, von der südlichen Pforte des Predigerkirchhofs bis gegenüber der nordöstlichen Pforte des St. Barth.-Kirchhofs.

Batton bemerkt hier, die Schildergasse habe zwischen dem Hause zum Schild, jetzt der goldenen Gerste, und dem Nussbaum ihren Eingang gehabt: bald nach 1603 sei in denselben ein Häuschen gesetzt und dies

---

[31]) Cod. S. 148. Herr Gottfried v. Eppenstein bekennt dann 1279, dass er an diesen Hof kein Recht habe. Cod. 193. Ein anderes Haus, bei den Predigern gelegen, erkaufte das Kloster 1248. C. 81. Vgl. auch C. Baur, Urkundenbuch des Klosters Arnsburg. Darmst. 1851.

1783 mit dem Nussbaum vereinigt worden: hinten in der Predigergasse neben dem Karthäuserhofe habe man den Eingang mit einem Thore verschlossen. Das Compostellerthor neben der englischen Fräulein Haus war die südliche Pforte des Predigerkirchhofs: die nördliche Ostpforte des St. Barth. Kirchhofs war der breite Eingang des Pfarreisens bei der Kannengiessergasse. Die Predigermönche oder Dominikaner kamen um 1243 nach Frankfurt, 1246 war ihr Kloster noch nicht vollendet, 1254 ihre Kirche noch im Bau begriffen, 1259 deren Bau wohl geendet. [32])

Der dritte, die Mengozgasse, von der südwestlichen Pforte des Predigerkirchhofs bis an den Lumpenbrunnen.

Das Menges-, später Gersten- oder Glockengässchen ; jetzt ist sein Eingang in der Fahrgasse durch ein Spritzenhaus geschlossen.

Der vierte, die Hachenbergsgasse, von der nordwestlichen Pforte des Predigerkirchhofs bis gegenüber dem Grabenbrunnen.

Jetzt ein Theil der Dominikanergasse. Der frühere Name kommt von einem angesehenen Anwohner her: das Haus Heinrich's von Hachenberg wird 1302 und 1308 erwähnt (C. 347. 382), er nennt es zu dem alten und jungen Bockshorn und unter diesem Namen hat es (Lit. A No. 154) noch jetzt Gastgerechtigkeit; der Grabenbrunnen ist der Brunnen auf dem goldenen Löwenplätzchen.

Der fünfte, die Isaldengasse, bildet einen Winkel, geht östlich von der Predigergasse nach Westen in die ebengenannte Hachenbergsgasse.

Ist das Winkelmaass- oder Ellenbogengässchen.

Der sechste, die Volradsgasse, von dem s/ g. Schelmenhof bis in die Fahrgasse, ungefähr in der Mitte zwischen der Schnur- und Antoniusgasse.

Jetzt die Nonnengasse: der Schelmenhof (schon 1310 vorkommend, C. 392) wurde nachmals das Kloster Rosenberg, daher der geänderte Namen der Strasse. Der frühere Name rührt von dem Schultheissen Volrad her, dessen Behausung an der Ecke lag. Eine Urkunde von 1323 (C. 469) erwähnt „das hus Kirchenekke in der Vargazzen gein Schultheissen Volrade über". Zuerst 1278 kommt ein Unterschultheiss Volrad vor, der dann von 1284—1288, und von 1292—1297 als wirklicher Schultheiss erscheint und mit vollem Namen Volrad Ritter von Seligenstadt heisst, sich aber auf seinem Siegel auch Volrad Ritter von Frankfurt nennt. Derselbe oder sein Sohn bekleidete auch 1300 und von 1306 bis 1322 das Schultheissenamt und da überhaupt früher die Strassen oft von den Anwohnern benannt wurden, so musste es bei einem so angesehenen Bewohner um so leichter üblich werden, die von ihm

---

[32]) Cod. S. 72. 77. 89. 122. Vgl. Archiv V. 172.

bewohnte Strasse nach seinem Namen zu nennen. Als ein anderes Glied dieser Familie, der Edelknecht Volrad von Seligenstadt (auch von Sachsenhausen genannt) 1373 den hinter seinem Garten zu Sachsenhausen gelegenen Thurm zur Bewachung erhielt, nahm alsbald auch dieser Thurm den Namen „Volradsthurm" an.[33])

Der siebente und letzte (Durchgang ist) die Rodingasse, am meisten nördlich gelegen, von dem Brunnen genannt Rodinbrunnen, bis gegenüber der St. Antoniusgasse.

Die Rothengasse, jetzt das Plätzchen an der rothen Badstube. Der Brunnen hiess später der Alandsbrunnen.

Zwischen der Fischer- und Judengasse ist nur ein Durchgang an die südöstliche Pforte des St. Barth.-Kirchhofs.

Es war dies die Samuelsgasse zwischen dem Kaufhause und dem Löherhofe; damit dorten für den Messverkehr mehr Raum gewonnen werde, kaufte der Rath später den Löherhof, dem Roseneck über, und liess ihn abreissen, wodurch ein freier Platz entstand. Das Kaufhaus wird zuerst 1308 urkundlich erwähnt (C. 384.) und ist die jetzige Stadtwage.

Zwischen der Metzger- und Judengasse sind zwei Durchgänge, der östliche geht an die südwestliche Pforte, der westliche an die südwestliche Ecke des genannten Kirchhofs.

Der östliche Durchgang war die Gumbrachtsgasse neben dem Leinwandhause; sie wurde 1685 geschlossen und nachmals den Töpfern zur Feilhaltung ihres Geschirrs überlassen, seitdem Töpfergasse oder Töpferhof genannt. Noch in den zwanziger Jahren unseres Jahrhunderts waren in der dortigen Gegend viele Töpferläden. In der Urkunde von 1414 (Arch. VII. 31) werden erwähnt: der stede steynen hus da man itzunt daz linwat inne hat, und die wonunge die Gumprechts war, da etzwan die stade schribery gewest ist. Der westliche Durchgang ist die noch bestehende Schlachthausgasse zwischen dem Leinwandhaus und dem Storch, sonst auch Storkis oder Storchgasse genannt. Schon 1302 wird ein Haus auf dem Slaheberge bei dem Slahehus der Metzger erwähnt. (C. 346.)

Zwischen der Juden- und Bendergasse sind drei Durchgänge. Der östliche befindet sich westlich neben demselben Kirchhofe, der mittlere geht an den Brunnen, genannt Wobelinsburnen; der westliche ist das Brodhaus.

Von diesen Durchgängen war der östliche die schon oben erwähnte Affengasse, die beim Frasskeller an die Bendergasse stiess. Der mittlere, das Wobelinsgässchen, besteht noch als das Gässchen von der Saalgasse

33) Archiv VI. 55.

nach dem s. g. Krautmarkt, in dessen Mitte der Wobelins- jetzt Kraut-
markts- oder Schöppenbrunnen stehet. Ein Schöff Wobelin kommt 1279
und 1280 vor. Das nachher zur dunkeln Leuchte genannte Haus heisst 1290
Haus des Wobelins (C. 247) und 1304 werden das dem Johann von Holzhausen gehörende Haus zu dem alten Wobelin und die seitwärts an dies
Haus stossenden Brodtische erwähnt (C. 364). Diese Brodtische waren in
dem westlichen Durchgange, der nicht durch eine Strasse, sondern durch
gewölbte Hallen führte. So werden 1327 zwei Fleischscharren, gelegen
„an den Brodhallen gein dem sichenspital" und 1362 das alte Spital unter
den Brodhallen erwähnt (C. 492. 683.). Erst 1552 wurde diese Brodhalle aufgehoben und der Rath verwies die Bäcker von da ins Barfüsser-
kloster. An die Stelle der Brodhalle kamen zwei Häuser zu stehen, die
aber nicht an die benachbarten Häuser wegen ihres Ausgangs- und Fen-
sterrechts angebaut werden durften, daher auf jeder Seite ein schmales
Gässchen entstand, das Dreck- und das Scharngässchen genannt.

Zwischen der Heiligengeistgasse und der Bendergasse sind zwei
Durchgänge, der östliche ist das Haus der Fleischbänke, der
westliche die enge Gläsergasse.

Letzterer Durchgang, das Gläser- oder Ullnergässchen (vicus ollarum),
welches aus der Saalgasse nach der Bendergasse am Haus zum Linden-
baum führt, hat jetzt keinen Namen mehr; sein erster kommt wohl von
einem Anwohner her, da 1317 das Haus des Johannes Glaser bei dem
Saalhof erwähnt wird. [34] Der andere Durchgang ist der Bogen nach der
Bendergasse, damals eine Fleischhalle, später auch das Fischhaus oder die
alte Häringshock (domus salsamentariorum) genannt.

Zwischen der Bender- und Krämergasse sind vier Durchgänge.
Der östliche ist die Kolmannsgasse, zunächst an dem gedach-
ten Kirchhofe gegen Westen. Dann die neuen Kammern
oder Gaden. Die alten Kammern oder Gaden, gewöhnlich
Tuchgaden genannt. Der westliche Durchgang ist die
Fleischbänkstrasse.

Letzterer ist die jetzige Langeschirn, ersterer die Höllgasse. Sie erhielt
ihren alten Namen von dem Hause zu dem Colman, welches 1323 erwähnt
wird (C. 469.) und auch einen Besitzer gleichen Namens voraussetzt. [35]
Bereits 1304 kommt aber auch ein Haus vor, genannt zu der alten Hellen,
(C. 363) und es ist wohl möglich, dass die Gasse davon ihren späteren
Namen herleitet. Doch kann derselbe auch aus Hellergasse verdorben
sein und hängt dann zwar nicht mit einem Münzergeschlechte der Heller

[34] C. 440. domus quam Johannes dictus Glesere inhabitat, que sita est
apud aulam regis.
[35] Im Jahr 1299 vermiethet der Goldschmied Culemann ein Haus neben
dem Pfarrhof auf Lebenslang. C. 326.

zusammen, von dem er wohl früher hergeleitet wurde, was jedoch in Frankfurt sich nicht findet, steht aber doch wohl mit der Hellermünze in Verbindung, indem in der dortigen Gegend das Haus zur alten Münze (domus veteris monetae, erwähnt 1290, C. 247.) stand, als dessen Besitzer 1294 bis 1301 Hermann zur alten Münze erscheint (C. 288. 342).[36]) Die beiden andern Durchgänge waren überwölbte Strassen, d. h. es waren in Holz gewölbte mit Läden versehone Hallen, über denen sich Häuser befanden. Im Jahr 1290 gab der Bürger Volkwin von Wetzlar sein Haus, genannt zum Langenhause, und die in demselben errichteten Läden (apothecas) an 21 genannte Bürger und deren Erben in Erbpacht. Dabei wurde festgesetzt, dass er sowohl wie die Erbpächter nur in diesen Läden ihre Tücher verkaufen sollten, dass ihm in diesem Hause eine Stube nach Wobelins Haus zu verbleiben und ihnen der Eingang von dem Hause Wolkenburg gewährt sein solle; ausserdem darf er in dem Hause zum Langenhaus keinen Wein zapfen, muss das Gewölbe dieses Hauses unterhalten und der an das Haus zur alten Münze stossende Laden darf keinem Feuerarbeiter eingeräumt werden (C. 247). Derselbe Volkwin, der nach 1303 dem Johanniterorden vier Mark ewigen Zinses von seinen Läden in dem Hause zum Langenhaus gibt (C. 350), verkauft in demselben Jahre an Wigel von Wanebach sein Haus, genannt zur Wolkenburg, und das daran stossende Gewölbe, zum Langenhaus genannt, was auf diesem Gewölbe steht (also den Ueberbau), jedoch ohne die Läden, welche auf der Seite in das Haus Wolkenburg hineingehen, mit Ausnahme eines einzigen, durch welchen Wigel in der Messe den Ein- und Ausgang für sein Haus Wolkenburg haben kann, wenn er dafür dem Inhaber des Ladens für die Messzeit einen andern Platz zum Verkaufe seiner Tücher in dem Hause zum

---

[36]) Obwohl nach Carls des Grossen bekanntem Capitulare von 806 nur in den königlichen Pfalzen gemünzt werden sollte, so ist doch damit nicht grade gesagt, dass die Münzstätte in dem Palaste selbst sich befinden müsse. Es ist daher wohl möglich, dass die königl. Münze zu Frankfurt, deren vor 1194 keine Erwähnung geschieht (Arch. VI. 195), sich in dem später zur alten Münze benannten Hause am Markt befunden habe. Denn der schon 1290 vorkommende Name dieses Hauses lässt keine andere Deutung zu, als dass es wirklich vordem zur Münze gedient habe, und damals gab es in Frankfurt nur eine königl. Münze. Von hier aus muss dann die Münze in den s. g. Münzhof (später der trierische Hof) verlegt worden sein, denn 1333 heisst es von demselben, dass in ihm die Hellermünze gewesen sei (C. 523). Im Jahr 1339 überliess aber Kaiser Ludwig seine Hellermünze dem Jacob Knoblauch und da dieser schon 1333 in den Besitz des Saalhofs gekommen war (C. 521), so mag er auch die Münze dahin verlegt haben. Feyerlein, Ansichten II. 298, will noch den Ort gefunden haben, an dem sie im Saalhof gestanden. Als nun 1346 die Stadt die Münze erhielt, musste sie wohl ein eigenes Münzhaus einrichten und dies war gewiss an demselben Orte, da noch heute die städtische Münze sich befindet und in dessen Nähe wiederum eine Hellergasse (jetzt Ankergasse) erscheint.

Langenhause anweist. Offenbar also wurde der gewöhnliche Hauseingang
des Hauses Wolkenburg in der Messe sehr gut vermiethet und daher für
diese Zwischenzeit ein anderer Weg ins Haus nothwendig. Zugleich geht
auf Wigel und die späteren Besitzer der Wolkenburg die Pflicht über,
wenn die Balken, worauf der Ueberbau zum Langenhause ruhet, schadhaft
werden oder verbrennen, deren Wiederherstellung zu besorgen. Wie aber
schon 1294 Apotheken oder Gadame zum Tuchverkaufe vorkommen, die
von denen im Langenhause verschieden sind (C. 288. 342) und dem Hermann
zur alten Münze gehören, so werden 1334 die alten Gaden von den dicht
dabei liegenden neuen unterschieden (C. 530). Das Haus Wolkenburg ist
nun das Eckhaus der Höllgasse und des Krautmarkts (Litra M. No. 199),
neben ihm waren die neuen Gaden unter dem Langenhause und die alten
Gaden, welche unter dem auf Säulen stehenden s. g. Rothenhause am Markt
ihren Anfang nahmen, sind noch jetzt eine Gasse unter dem Namen Tuchgaden. Der Durchgang durch die neuen Gaden hat aber schon längst auf-
gehört: am Markte war er schon 1535 durch eine Badstube verbaut und
stehet jetzt das Haus zur grünen Linde daselbst: (welches Haus nach Bat-
tons Bemerkung an der Stelle der beiden alten Häuser Neue Gaden und
zur alten Münze errichtet worden sein soll) gegen den Krautmarkt zu bildete
er, nachdem der Ueberbau verschwunden war, eine s. g. Almey und des
Raths verordnete „Pfleger zu den leeren Almeyen und öden Fleken" erlaubten 1545 dem Inhaber der Badstube, der schon 1535 diesen Flecken
gegen einen jährlichen Zins an sich gebracht hatte, an den Ausgang ein
steinern Thor zu setzen und darauf einen hölzernen Bau, zwei Stock hoch
zu errichten, wodurch dann dieser Weg in einen Hof verwandelt wurde.

Zwischen der Krämergasse und dem Platze Samstagsberg, nach
der Mittagsseite, sind fünf Durchgänge innerhalb der Lan-
genschirn und dem gedachten Platze, nämlich die Gassen der
Löher, der Schuhmacher, der Schwerdtfeger, der Leineweber
und der Seiler, alle nach Süden hinten zu zusammen laufend.

Von diesen Gässchen ist das erste (schon 1280 wird die Gegend bezeichnet: wo die Löher zu stehen pflegen C. 201.) eingegangen: es wurde
zu dem kleinen Paradiese Litr. M. No. 184 gezogen, wodurch dasselbe in
seiner Mitte einen Winkel erhielt. Die Schubgasse (auch Holzschuergasse,
vicus calciatorum) heisst jetzt Goldenhutgasse: die anderen Gassen
sind das Schwertfeger-, Drachen- und Rapunzelgässchen: die beiden ersteren haben bei der neuen Numerirung ihre Namen eingebüsst und sind
zur Goldenhutgasse gezogen worden, das letztere hat jetzt einen Ausgang auf dem Römerberg. Dass die Handwerker strassenweise je nach
ihrem Geschäfte zusammenwohnen, ist eine alte, wohl noch aus den Zeiten
der Hörigkeit stammende Einrichtung, an welche die Bezeichnung der
Gassen erinnert. Die Schwerdtfeger sind die Harnischmacher.

7

— 84 —

Zwischen der Krämer- und Webergasse sind zwei Durchgänge. Der östliche ist die Luprandisgasse, bis zur nordwestlichen Ecke der obengedachten St. Michaeliskapelle, der westliche ist die Neugasse bis an den Platz genannt Frythof gegenüber den vorhingenannten Gaden.

Schon 1259 wird ein Haus an dem „Luprandsburnen" erwähnt (C. 121) und nach diesem wurde die Gasse die Luprands- oder Luprandsborngasse genannt, woraus denn ihr heutiger Name Borngasse entstand.[37]) Das Haus des Pfarrer Erpert lag 1293 an diesem Brunnen (C. 283), wohl an derselben Stelle, die das katholische Pfarrhaus noch einnimmt. Die Neugasse wird 1290 zuerst genannt, (mansio in novo vico apud estuarium, C. 253), auch durch sie geht der alte Stadtgraben und nach Batton hiess der Theil südlich des Grabens Erkenboldsgasse. Der Name „Neugasse" entstand also nach der Erweiterung der Stadt über diesen Graben hinaus. Sie mündet jetzt am Hühnermarkt, auf welchem der sogenannte Freibrunnen stehet, und dieser Platz mit der Gegend, die jetzt „hinter dem Lämmchen" heisst, führte also vordem den Namen Friedhof. Noch 1443 war dieser Name üblich, denn in der Ordnung für die weltlichen Richter wird dem vierten Richter der Stadttheil von dem Römer durch die Kräme bis vor den Hainerhof, der Frythof und die Gasse vor dem Lämmchen etc. angewiesen. Ohne Zweifel war er in noch älterer Zeit ein Begräbnissplatz und da solche vordem stets die Kirchhöfe waren, so muss auch eine Kirche oder Kapelle daselbst gestanden haben, aus welchem Umstand sich auch wohl die viereckige Gestalt des Hühnermarkts erklärt. Welche Kirche oder Kapelle aber daselbst gestanden habe und ob es eine blosse Todtenkapelle gewesen sei, ist nicht mehr bekannt; die Marienkapelle, welche verschiedene Geschichtsforscher auf diesem Platze gesucht haben, war es gewiss nicht, da eine solche hier nicht bestanden hat und nur irrthümlich deren Vorhandensein aus der Urkunde König Ludwigs von 874 hergeleitet wird.[38])

Die Krämergasse hat in sich selbst einen Durchgang, die Glaubergergasse, welche an den ebengenannten Platz Frythof führt.[39])

Diese Gasse, von dem Hause der Herren von Glauburg (der jetzige Nürnbergerhof) so genannt, hiess auch Esslingergasse von der Familie von

[37]) Dass Brunnen und Strasse von dem Bischoffe Liudprand, der zwischen 958 und 962 in Frankfurt an seinem berühmten Geschichtswerke arbeitete, den Namen erhalten haben, ist wenigstens eine ansprechende Vermuthung. Vgl. Feyerlein II. 53.
[38]) Römer Beiträge S. 56. Arch. VII. 148. Der dritte Durchgang, die Nürnbergerhofsgasse, existirte zu Baldemars Zeiten noch nicht, sondern entstand erst später aus dem s. g. Schmiedhofe.
[39]) Am Rande fügt noch Baldemar hinzu: „und den Platz Frythof selbst."

Esslingen oder deren Haus (1298 kommt Friedrich von Esslingen und 1324 Albrecht zum Esslinger vor, C. 320. 477) und heisst jetzt hinter dem Lämmchen.

Zwischen der Weber- und Neugasse sind zwei Durchgänge, innerhalb der Neu- und der Schiedsgasse, ein östlicher und ein westlicher, in dem Sacke genannt; auf die sogenannte Sackgasse zusammenlaufend.

Die Sackgasse und die goldene Mörselgasse (auch vicus Culonis, Culengasse, von Culo oder Culmann Gertener so genannt, jetzt Mörsergasse) stossen beide hinten auf den Sack oder die Gegend bei den drei weissen Rossen, welche sich in die Neugasse öffnet. Zwischen der Weber- und St. Antoniusgasse sind fünf Durchgänge, die Lyntheimergasse nach der St. Johanniskirche, die Gelnhäusergasse nach dem Kirchhof dieser Kirche, die Steingasse, beinahe der Luprandsgasse gegenüber, aber etwas mehr nach Osten gelegen, die Cruchengasse, auf die Neugasse stossend, die Zygelgasse, von dem obengenannten Platze Rossebühel her.

Von diesen Gassen haben die drei ersten und die letzte ihre Namen nicht geändert. Die erste führt den Namen von ihrem Anwohner Marcolf von Lyntheim, der 1303 als Schöffe vorkommt, sie wird 1305 geradezu Gasse des Marcolf von Lyntheim genannt (C. 365). Die zweite Gasse führt ihren Namen von der Familie von Gelnhausen. Auf dem Johanniter Kirchhofe wurde 1696 mit Bewilligung des Ordens das Haus Litra L. No. 35 erbaut. Die Steingasse erhielt nach Batton diesen Namen, weil sie die erste gepflasterte Strasse war. Die Verwendung von Steinen zum Strassenpflaster wie zum Häuserbau fand in den alten Zeiten nur sehr selten statt und wurde deswegen immer besonders hervorgehoben. Gleich den älteren Kirchen und ihren Thürmen waren auch die Wohnhäuser nur von Holz aufgeführt und dieser Umstand erklärt die grossen Brände, deren die alten Chroniken so oft erwähnen. Ein steinernes Haus zu erbauen, war wohl eine kostspielige Sache und nur angeseheneren Personen möglich; der Besitz eines solchen gewährte Auszeichnung und besondere Sicherheit, denn ein Haus von Stein, in dem Mittelalter Kemenate genannt und häufig Gegenstand eines Lehens, war gleich einer kleinen Burg. [40]) In Frankfurt wird zuerst 1253 ein steinernes Haus erwähnt, welches dem damaligen Schultheissen Ritter Wolfram von Praunheim gehörte; dann besitzt 1276 Ritter Hartmund von Sachsenhausen ein steinernes Haus mit einem steinernen Stalle daran; 1284

---

[40]) Vgl. z. B. die Beschreibung, welche S c h a a b Gesch. von Mainz I. 216 von diesen burgähnlichen Häusern der Mainzer Patrizier gibt.

hat der Domscholaster Johann von Rodahe ein solches; 1293 gibt der
Johanniterorden ein steinernes Haus, welches ehemals Ludwig Pannifex besass, dem Ludwig von Holzhausen in Erbpacht; 1297 erwähnt der Bürger
Hermann von Cöln, ein reicher Mann, in seinem Testamente auch sein
steinernes Haus, welches in dem Kirchhofe lag; 1303 hat das Kloster Haina
in seinem Hofe auch ein steinernes Haus; 1304 kommt ein solches bei
St. Nicolaus vor (wohl dasselbe, welches sich noch jetzt durch seine ver-
zierten Tragsteine auszeichnet) und 1311 wird ein Haus dem Kloster Arnsburg geschenkt, welches auf dessen Kosten in Stein prächtig erbaut worden, in der Ecke dem Arnsburgerhof gegenüber gelegen.[41]) Das Leinwandhaus wird noch 1414 als der Stadt steinern Haus bezeichnet und das
steinerne Haus auf dem Markte hat diese auszeichnende Benennung bis auf
den heutigen Tag behalten. Ebenso wurden auch die Steinwege besonders
hervorgehoben und es ist daher wohl anzunehmen, dass die Steingasse ihren
Namen dem Vorzuge eines Pflasters verdankt. Die Ziegelgasse kommt
urkundlich 1300 vor, 1310 als Zigergasse, 1309 als Zegelgasse (C. 331. 387)
und leitet ihren Namen von der Familie Zegir (Zigerus), nicht von Ziegeln
ab. Die Kruchengasse, später Krauchengasse, heisst jetzt Graubengasse.

Zwischen der Weber- und der Schiedsgasse ist ein winkeliger
Durchgang, die Salmansgasse, innerhalb der Zygel- und
Schiedsgasse.

Das Eckhaus neben der goldenen Arche hiess Haus zum Salmann (domus Salmanni) und danach wurde das Gässchen benannt. Später wurde
der Name des Hauses verdorben in „zum Salmen" und das Gässchen heisst
nun das Salmengässchen. Es ist jetzt in seinem Winkel verbaut, in der
Schnurgasse offen und neben dem Hause zum Grimmvogel geschlossen.
Als der Besitzer des letzteren Hauses, Sifried zum Paradies, dasselbe neu
baute, wurde ihm von K. Karl IV. erlaubt, dritthalb Schuh von der
Gasse dazu zu nehmen. (C. 720).

Alle diese durchgehenden Strassen gehen von Süden nach Norden, mit Ausnahme derjenigen zwischen der Prediger- und
Fahrgasse, welche von Osten nach Westen laufen.

Stumpf- oder Sackgassen.

In der Predigergasse ist eine Stumpfgasse, die Fronhofsgasse,
gegenüber der südöstlichen Pforte des St. Barth. Kirchhofs.

---

[41]) C. 89. 177. 217. 279. 315. 360. 361. 397. Ausser diesen acht Stein-
häusern wird in dem Urkundenbuche nur noch 1338 ein zum Sale gehö-
riges altes steinernes Haus in der Bendergasse erwähnt. C. 556.

Der Fronhof wird 1223 zuerst erwähnt und lag damals ausserhalb
Frankfurts (C. 41), er war der Haupthof für die vielen Güter, welche das
Collegiatstift des h. Bartholomäus besass, gehörte dem jeweiligen Probste
und führte deswegen den Namen Herren- oder Fronhof. In ihm wurde
das Gericht über die Güter, welche zur Probstei gehörten, und deren Besitzer gehalten: auf ihm beruhten die vielen Wein- und Fruchtzehnten des
Stifts, dagegen hafteten auch auf ihm manche Verpflichtungen zum gemeinen Besten, wie namentlich die Unterhaltung des Zuchtvieh's. [42]) Jetzt
ist der Fronhof verschwunden, sein Name jedoch noch erhalten in der
Fronhofsstrasse, welche auf dem Grund des alten Hofs von der Predigerstrasse nach dem Judenmarkt führt.

In der Schmiedgasse ist eine, genannt auf der Schweine Mist,
zwischen dem vierten und sechsten Durchgang der Prediger-
und Schmiedgasse.

Es ist das Plätzchen unter den Kästenern oder an der goldenen Zange,
auch auf der Bruck oder Bruchengasse genannt: sein alter Name erklärt
sich aus dem auch sonst bekannten Umstande, dass die Bürger Frankfurts,
wie dies in allen alten Städten der Fall war, ehemals einen stattlichen
Viehstand hatten und namentlich viele Schweine hielten. So durften,
nach der ältesten Statutensammlung (von 1352—1358) die Meister der
Bäcker „die uff den Rath gan" 12 Schweine halten, die anderen Bäcker
nur 6 oder 8 Stück: über den Mist und die Reinhaltung der Strassen davon wurden wiederholte Ordnungen erlassen, ebenso über die gemeinen
Weiden und Hirten u. s. w. In den Gesetzen der Bäcker von 1377 kommen genaue Bestimmungen vor, aus welchen Thoren ihre Schweine aus-
getrieben werden sollen. Noch um 1400 musste der Fronhof sieben Farren
und sieben Eber (Zuchtschweine) für die gemeine Heerde halten [43])

Die zwei ebengenannten befinden sich auf der Ostseite.
In der Fischergasse ist eine Sackgasse zwischen der Fischer-
und Metzgerpforte.

Dies ist das Kumpengässchen sonst vicus cerdonum, Löhergässchen,
gegen dem Eck des Vorhofs der alten Judenschule über.

In der Heiligengeistgasse ist eine, neben dem Hospital, nach
der Mainpforte.

Dies war das Goldnehorn- oder Heiligegeistgässchen in der Saalgasse,
was neben der Heiligengeistkirche an das Heiligegeistpförtchen führte:
noch jetzt, obwohl Hospital und Kirche verschwunden sind, heisst es dorten

---

[42]) Vgl. C. 245. 529. Arch, VII. 150. Senckenberg corpus juris germ.
I. 2 S. 15 flg. Thomas Oberhof 204.
[43]) Vgl. Orth, Zusätze 327. 344. C. 752. Arch. VII. 147. 148. 150.

„am Geistpförtchen". Nach Batton wurde es auch Husengässchen genannt, von dem Eckhause zum Hausen, einer Art Fische.

Die beiden vorgenannten befinden sich auf der Südseite.

In der Krämergasse ist eine Sackgasse, auf der nördlichen Seite, gegenüber der Seilergasse, genannt Rulmergasse.

Auch Rulengässchen (vicus Rulonis); ist das enge Gässchen auf dem Markte neben dem steinernen Haus.

In der Webergasse sind auf der Südseite zwei Sackgassen, zwischen der Luprands- und Neugasse, die östliche ist die Volmarsgasse, die westliche die Wunnebergsgasse, beide ziehen auf den durch die Stadt gehenden Graben.

Erstere ist die Mausgasse, so genannt von Contze Muss, einem Färber, früher auch die Pulheimergasse genannt; die zweite ist die jetzige Kruggasse, welche an den Rebstock (domus de Vite 1305, C. 369) führt und damals keinen Ausgang hatte: den alten Namen führte sie von einem Hause (domus Vunnenberg, 1306, C. 371) und hiess auch Sonnenbergergasse. Die jetzt zwischen beiden gelegene Rattengasse ist späteren Ursprungs.

Ebenda sind auf der Nordseite drei Sackgassen, zwischen der Stein- und Cruchengasse, östlich die Münzhofsgasse, in der Mitte die Rabengasse, westlich die Palmstorfersgasse.

Die erste dieser Gässchen heisst jetzt die Trierische Gasse und führt von der Schnurgasse durch den Trier'schen Hof, jetzt die Lederhalle, über das Trierische Plätzchen an die Döngesgasse. Ihr früherer Name erklärt sich dadurch, dass der Trier'sche Hof früher der Münzhof hiess, weil sich darin eine Zeitlang die Hellermünze befand. Dieser Hof, der zuerst den Herren von Minzenberg gehört haben soll, erscheint 1333 in dem Besitze des Ritters Rudolf von Sachsenhausen, und wird in diesem Jahr erwähnt als „hus Haldenberg in der Anthoniergassen hindir Herr Rudolfe hobe von Sachsenhusen, da etwan die hallermünze innen war" (C. 523), woraus hervorgeht, dass er damals nicht mehr zur Münze diente. Die Kinder erster Ehe des Ritters Rudolf verkauften 1380 diesen ihnen nach ihres Vaters Tod angefallenen Hof, genannt der Münzhof, an den Erzbischof Cuno von Trier um 1500 schwere Mainzer Gulden und seitdem führte er den Namen des Trier'schen Hofs. Er wird in den damals errichteten Urkunden genau beschrieben, „derselbe hoff mit ayner porten stösset vnd geed zu der Snurgassen, vnd mit der andern porten stösset vnd geed in die gassen zu St. Anthonies Cloister, mit husern, muren, schüren, stellin, garthen, porthusen", so dass sich sein ansehnlicher Umfang leicht erkennen lässt. [44]

[44] Archiv II, 52. VII. 83. Ohlenschlager Erläuterung der goldenen Bulle, 596.

— Das zweite Gässchen, die Raben-, jetzt Wildemannsgasse, von einem darin liegenden Hause so genannt, mündet jetzt in den trierischen Hof: es wurde auch Beghards- oder Brudergasse (verderbt Becker's-, Burkhards- oder Bachardsgasse) genannt, weil das Haus zum wilden Mann früher ein Beghardenhof war. — Das dritte Gässchen, jetzt die Vogelgesangsgasse, führte den Namen von dem alten Geschlechte der Palmstorfer, denen der jetzige Augsburgerhof gehörte. Das in derselben Gegend liegende Geisgässchen ist späteren Ursprungs.

Weiter zwei Sackgassen zwischen der Cruchen- und Zygelgasse, östlich die Gysingasse, westlich die Albrachtsgasse, hinten zusammenlaufend.

Die erste Gasse, von einem Anwohner Gyso den Namen führend, daher auch das Eckhaus das Gyseneck, der dabei liegende Brunnen der Gitzborn hiess, heisst jetzt nach einem darin liegenden Hause die Kornblumengasse. Die zweite Gasse wurde wohl auch von einem Anwohner Albrecht benannt, vielleicht von dem Albertus, der 1301 dem Heiligen-Geisthospitale von seinem Hause in der Snarrgazzen einen Zins verschaffte. (C. 339.) Die beiden Gassen verbinden sich hinten durch ein Gässchen, das kleine Bockgasse heisst: denselben Namen, wohl von dem Hause zum Rehbock herkommend, führt jetzt auch das Albrechtsgässchen.

In der St. Antoniusgasse ist auf der Südseite eine Sackgasse, zwischen der Stein- und Kruchengasse, nämlich der Platz hinter dem Münzhofe, genannt Münzhofplan.

Heisst jetzt das Trier'sche Plätzchen. Vgl. oben. Wurde sonst auch die Schlüchtersgasse, auf dem Schlüchtershofe, der Schlüchtersplan genannt.

Ebenso sind auf der Nordseite vier, zwischen der Kirche der h. Maria und des h. Antonius: die östlichste, genannt Ortwinsgasse, liegt neben dem St. Antoniuskloster, die östliche von den beiden mittleren liegt gegenüber dem Platz hinter dem Münzhofe, genannt Aschaffenburgergasse; die zweite oder westliche von den mittleren liegt gegenüber der Mitte zwischen der Kruchengasse und dem Rossebühel, die westlichste, genannt Ertmarsgasse liegt bei der Kirche auf dem Marienberg.

Von diesen Gässchen ist die erste, an der westlichen Seite des Antoniterhofs gelegen, nach Ortwin von Goldstein benannt, schon 1581 verbaut worden und längst verschwunden; die zweite ist die jetzige Haasengasse, früher auch Peters- oder Bengelgasse genannt, eigentlich Aasgasse, (vicus cadaverum) weil sie auf den Gänsegraben führte, der als Schindanger benutzt wurde; den früheren Namen verdankte sie dem Alexander- und

Peterstift in Aschaffenburg, welches hier den noch nach ihm genannten Hof besass; der jetzt vor diesem Hofe liegende freie Platz bezeichnet die Stätte, da Vicenz Fettmilch's Haus stand; das dritte Sackgässchen, die Kothegasse, ist später mit dem Hause Löwenberg verbaut worden, welches als Sitz der Marxbrüder- oder der Genossenschaft der Meister vom langen Schwerte späterhin bekannt wurde; [45]) das letzte Gässchen ist das Hofinger- oder Schärffengässchen, nach dem Wirth Schärff so genannt. Alle diese Sackgassen gehen von Süden nach Norden, mit Ausnahme derjenigen in der Predigergasse, die von Osten nach Westen lauft.

Die Hauptstrassen des unteren Theils der Altstadt.

Die Westseite der Schiedsgasse wie oben.

Die St. Georgsgasse, am südlichsten gelegen, von der Fahrpforte am Main bis an die Kirche des h. Georg.

Jetzt der Theil der alten Mainzergasse von dem Fahrthor bis zur Leonhardskirche. Sie hiess Jörgenstrasse, weil die Leonhardskirche vordem dem h. Georg gewidmet war. Mit Urkunde vom 15. Aug. 1219 (C. 28) schenkte nämlich König Friederich II. den Bürgern von Frankfurt eine dem Reich gehörige am Kornmarkt gelegene Hofstätte, damit auf derselben eine Kapelle zu Ehren der h. Jungfrau Maria und des h. Märtyrers Georg erbaut werde. An dieser Stätte soll vordem die Pfalz Kaiser Karl des Grossen gestanden haben. Im Jahr 1317 wurde die Kapelle von mehreren Geistlichen in ein Collegiatstift verwandelt (C. 436); 1323 empfing es von dem Abte des Wiener Schottenklosters einen Arm des h. Leonhard und nahm deswegen später den Namen dieses Heiligen an. [46]) Nahe dabei lag der Hof des Klosters Schönau und das Haus zum alten Martin, welches dasselbe Kloster 1284 von Wiegand von Limpurg erwarb (C. 213).

Die Widdergasse, von dem Hause genannt zum Widder.

Der Name wurde später aus Unkenntniss in Wedelgasse geändert.

Die südliche Minoriten- oder Barfüssergasse, von der südlichen Pforte des Barfüsserklosters.

Die Minoriten, welche 1270 zuerst urkundlich hier vorkommen (C. 155), sollen schon 1220 ihr Kloster hier erbaut haben; 1529 übergaben sie es mit ihrer Kirche dem Rathe; 1786 wurde die baufällige Kirche abgebrochen und an deren Stelle die neue Paulskirche erbaut; der Barfüsserkirchhof wurde bald nach der Reformation beseitigt; die Klostergebäu-

---

[45]) Vgl. Florian Chronica 1664. S. 23.
[46]) Vgl. Arch. V. 162. Römer, Beitr. S. 42.

lichkeiten, in welche die lateinische Schule (das Gymnasium) und der Almosenkasten verlegt wurden, fanden ihren Untergang nach Vollendung der
neuen Kirche; damit auch der Kreuzgang, in welchem sich zuletzt der
Verganthungssaal befand. Wie ansehnlich der Umfang dieses Klosters
gewesen, ergibt die Abbildung auf der Denkmünze zur dritten Secular-
feier des Gymnasiums.[47]) Die Barfüssergasse, dann Kaltelochgasse genannt, heisst jetzt Paulsgasse.

Die nördliche Barfüssergasse, von der nördöstlichen Ecke des
Barfüsserkirchhofs.

Eingangs linker Hand lag dieser Kirchhof, an dessen Stelle später die
neuen Krämen errichtet wurden: einen Theil des Raums nimmt jetzt das
Börsengebäude ein. Noch heute führt der von der Paulskirche nach dem
Kornmarkte führende Theil der Gasse den alten Namen.

Die Sandgasse, der Schnurgasse gegenüber.

Die Marienberggasse, von der Kirche der h. Maria an.

Auf dem Berg, genannt Rossebühel, besass der reiche Volkwin von
Wetzlar Haus und Hof, welche nach seinem Tode an die Johanniter in
Frankfurt fielen, weil Volkwins Söhne in diesen Orden getreten waren.
Den vierten Theil dieses Gelasses verkaufte 1308 der Orden an Wigel von
Wanebach und dessen Ehefrau Katharine um 83 Mark Heller. Im Jahre
1323 gab diese Frau Katharine einen Zins zu Seelgerede an die Kapelle,
„die da heizet der Wigeln capellen, die da ist gelegen in der stat zu
Frankfurt uf dem Rossebühel." Sie hatte also, allein oder mit ihrem ver-
storbenen Ehemann, auf dem 1308 erkauften Grundeigenthum eine Kapelle
errichtet und 1323, da derselben Wigel Frosch mit Genehmigung seiner
Frau Gisla und deren Mutter Katharina von Wanebach verschiedene Güter
auf seinen Todesfall gibt, wird sie die Kapelle „zu unser vrouwen ufme
Rossebuhel" genannt. Als nun Wigel Frosch bald darauf verstarb, ver-
wandelten seine Wittwe und deren Mutter 1325 die Marienkapelle in ein
Collegiatstift mit sechs Canonikern. Seitdem wurde der Berg auch Marienberg genannt und der jetzige Name Liebfrauenberg hat den ursprünglichen völlig verdrängt, so dass selbst dessen Bedeutung verkannt und be-
hauptet wurde, der Berg sei vordem ein Rosspfuhl gewesen.[48]) Der Name der
Strasse blieb auch nicht derselbe, sie heisst jetzt Blyden- oder Bleidenstrasse,
von dem darin stehenden Blydenhus, welches bereits 1280 als domus machi-
narum (d. h. Zeughaus zur Aufbewahrung der Kriegsmaschinen) vorkommt.[49])

[47]) Arch. V. 170. VIII. 34.
[48]) C. 381. 464. 469. 480. Arch. V. 165. Frank, topogr. Ueberbl. S. 60.
Kirchner Gesch. I. 460.
[49]) C. 201. Neben dem Stifte auf des Reichs-Flecken, d. h. auf Boden,
der noch dem Reiche gehörte, wurde 1366 eine Clause für eine Person errichtet und K. Karl IV. bestimmte diesen Flecken für ewige Zeiten zu
einer Clause. C. 715.

Diese sechs Gassen gehen von Osten und von der Schiedsgasse nach Westen und nach der Strasse genannt Kornmarkt.

Die Strasse Kornmarkt geht von Süden und von der obgedachten Kirche des h. Georg nach Norden und nach der obenerwähnten alten Pforte genannt Bockenheimerthor.

Der Kornmarkt (forum frumenti, auch 1273 forum grani genannt) wird schon 1219 erwähnt und umfasste die ganze Wegstrecke von der Leonhardskirche bis an die jetzige Katharinenpforte, also auch die jetzige Buchgasse (C. 28. 163).

Die Carmeliter- oder Mainzergasse, von der obengedachten St. Georgskirche bis an die Pforte genannt Mainzerthor.

Ist jetzt der westliche Theil der alten Mainzergasse. Die Carmeliter in Frankfurt werden 1270 urkundlich zuerst erwähnt; sie besassen damals schon Kirche und Kirchhof. [50])

Die Büsser-, Reuer- oder Weissfrauengasse, gegenüber der Widdergasse beginnend, bis zum Hofe der Reuerinnen.

Sie nahm also am Ende der Wedelgasse hinter dem Römer ihren Anfang, ging durch die Löweneckgasse (jetzt Römergasse) über den Kornmarkt oder die jetzige Buchgasse weg an die Weissfrauenkirche: dieser letztere Theil ist die jetzige Münzgasse. Die reuigen Schwestern der h. Maria Magdalena, von ihrer Tracht die weissen Frauen genannt, kommen urkundlich zuerst 1228 in Frankfurt vor. [51])

Die Weissgerbergasse, gegenüber der südlichen Barfüssergasse.

Ist die goldene Apfel-, jetzt Schüppengasse. Durch sie geht der alte Stadtgraben und es befand sich daselbst eine Brücke über denselben.

Die Guldengasse, von dem Brunnen genannt Lusenburnen und gegenüber der Sandgasse anfangend.

Eigentlich die Guldenpfortengasse, weil das Stadtthor hinter der Gasse die Guldenpforte hiess, dann die Lusenborngasse, jetzt die Weissadlergasse. Der Brunnen heisst noch der Elisabethenbrunnen,

Diese vier Gassen gehen von Osten und vom Kornmarkt aus nach Westen und an die Stadtmauer.

Durchgänge.

Zwischen der Schieds- und der Bäckergasse ist einer, die Alhartsgasse, nach dem Platz Samstagsberg.

---

[50]) C. 155. 156. Archiv V. 168.
[51]) C. 51. Archiv V. 174.

Ist die jetzige Limpurgergasse zwischen dem Römerberg und der Kerbengasse: Batton nennt sie die Herrenstubengasse. In dieser Gasse lag nämlich das Haus, in welchem die Limburger Wollenweber während der Messen zusammen wohnten und welches deswegen „zum alten Limburg" genannt wurde: es ist das linke Eckhaus bei dem Eingange vom Römerberge aus. In dem Hause zum Römer befand sich eine Trinkstube: als der Rath dies Haus 1405 erkaufte, miethete sich die Trinkgesellschaft ein anderes Local in dem Hause zum alten Limburg. Dies Local behielt sie bis 1486, da sie sich in dem Hause zum Löwenstein einmiethete und nun auch danach nannte: im Jahr 1495 aber erkaufte sie das Haus Laderan, welches das Eckhaus rechts beim Eingange vom Römerberge her ist, und nannte es Alt-Limburg. Seitdem führte auch die Gesellschaft den Namen Alt-Limburg und nannte sich wegen des gemeinschaftlichen Besitzes dieses Hauses eine Ganerbschaft. Wegen der politischen Bedeutung, welche sie nachmals errang, wurde ihr Zusammenkunftsort dann die Herrenstube genannt und die Gasse empfing davon den Namen, wie sie ihren jetzigen ebenfalls dem Hause Alt-Limburg verdankt. [52])

Zwischen der St. Georgs- und Widdergasse sind drei Durchgänge; der östliche ist die Bäckergasse, der mittlere die Froschgasse, der westliche die Drutmannsgasse.

Die erste heisst jetzt die Kerbengasse, die zweite die Karpfengasse, die dritte die Kaffeegasse. Die mittlere führte ihren Namen von dem darin gelegenen Hause der Familie Frosch: schon 1300 wird der Hof des Wigel Frosch erwähnt, Wigel Frosch besitzt 1322 die Häuser zum Römer und zum goldenen Frosch, 1323 kommt auch eine Badstube zu dem Frosch vor: noch 1443 wird die Froschbadstube genannt. [53])

Zwischen der Widder- und der südlichen Barfüssergasse ist ein Durchgang, die Goltsteinsgasse.

Von dem Hause zum Goltstein so genannt (dies ist die Brönner'sche Behausung), jetzt Kälbergasse.

Zwischen der nördlichen Barfüssergasse und der Sandgasse ist ein Durchgang, die Snabelsgasse, an der nördlichen Thüre der Barfüsserkirche.

So genannt von dem Eckhause zum Schnabel: später am Barfüsser-Plätzchen, jetzt die Kirchgasse.

Zwischen der Sand- und Marienbergsgasse ist einer, die Santburnengasse, von dem Brunnen genannt Sandbrunnen.

---

[52]) Vgl. die Nachweise bei Römer-Büchner. Entwicklung S. 221 flg.
[53]) C. 835. 464. 470. Arch. VII. 147.

Jetzt die kleine Sandgasse, worin der Sandhof liegt; der Brunnen heisst noch der Sandbrunnen.

Zwischen der Sandgasse und dem Kornmarkt ist einer, einen Winkel bildend.

Das Rittergässchen, früher Stiefel- oder Wernergässchen, auch kleine Sandgasse genannt.

Zwischen der Carmeliter- und Büssergasse sind vier Durchgänge, der eine die Hellergasse zwischen dem Kornmarkt und dem Carmeliterkloster, drei zwischen diesem Kloster und der Stadtmauer, der östliche neben dem Kloster zur südöstlichen Thüre der Büsserkirche, der mittlere an die südwestliche Thüre dieser Kirche gehend, der westliche neben der Stadtmauer.

Die Hellergasse schon 1332 vorkommend (C. 469. 513 — In der Nähe des Throner Klosterhofs) heisst jetzt Anckergasse von dem Hause zum Ancker. Der alte Name rührt wohl daher, dass sie an das städtische Münzhaus führte; von den drei andern ist die erste die Seckbächergasse, von dem Hause zum Seckbach so genannt, auch Albans- oder Albanitergasse, [54]) Hostergasse oder Einungsgasse, von dem ehemaligen Beguinenhause zum goldenen Frosch, was auch die grosse Einung hiess; [55]) die

---

[54]) Weil das Ritterstift zum h. Alban in Mainz hier einen Hof hatte. Hüsgen, Wegweiser 19.

[55]) Die religiöse Anschauungsweise des Mittelalters hielt ein abgeschlossenes, zurückgezogenes Leben für ein Gott besonders wohlgefälliges: ohne daher ein Klostergelübde ablegen zu wollen, widmeten sich vielfach Jungfrauen und Wittwen einem einsamen Leben mit frommen Werken, sie wurden Reclusae. In Lüttich vereinigte 1184 der Priester Lambert le Begues solche Frauen zu einer Genossenschaft und wies ihnen einen grossen Hof mit vielen kleinen Häuschen zur Wohnung an. Diese Einrichtung fand in Belgien häufige Nachahmung und es wurden seitdem die Frauen Beguinen, ihre Höfe Beginagia genannt. Vgl. Hallmann Geschichte des Ursprungs der Belgischen Beghinen. Berlin 1843. Auch in Deutschland wurde bald der Name Begine üblich und es wurden auch hier Beginenhäuser errichtet, in der mehrere solcher Frauen zusammenlebten. In Mainz befanden sich deren zwölf. Schaab Gesch, I. 369, in Würzburg drei, Archiv für Unterfranken IX. 100 u. s. w. In Frankfurt werden zuerst 1261 zwei in einem Hause zusammenlebende feminae religiosae oder Beginen erwähnt, C. 125. Im Jahr 1291 ermächtigte der Erzbischof Gerhard von Mainz den hiesigen Stadtpfarrer, gegen die Regel auch Mädchen und Frauen in den Beginenorden aufzunehmen, die noch nicht vierzig Jahre alt seien. C 262. Die Clause in Oberrad wurde 1304 von der Begine Mathildis gestiftet. Im Jahr 1345 bestimmte Hylle Wysse, die Tochter des Herrn Werner Wysse, ihre drei Häuser und ihren Hof bei den weissen Frauen zu einem Hause für geistliche Schwestern. C. 593, und dies hiess später die grosse Einung. Vgl. auch Kirchner Gesch. I. 232.

zweite ist die Papageygasse, vom Hause dieses Namens genannt, früher Erbachergasse, von dem Erbacher oder Eberbacher Hofe, einer Besitzung des alten Cistercienserklosters Eberbach im Rheingau;[56]) die dritte ist das Stöcker- oder Schindergässchen, deren Eingang 1811 überbaut wurde: jetzt Schneidwallgasse genannt.

Zwischen der Büsser- und der Weissgerbergasse ist ein Durchgang, die Michelsgasse.

So genannt von dem ehemaligen Beginenhause zu St. Michael, jetzt die blaue Handgasse von dem Hause zur blauen Hand.

Zwischen der Weissgerber- und der Guldengasse sind drei Durchgänge, der östliche ist die erste, der mittlere ist die zweite Dietrichsgasse, der westliche ist die Rothengasse zunächst an der Stadtmauer.

Die beiden ersten Nebengassen führen den Namen von einem Anwohner, wie dann schon 1273 eine Hofstätte des Gerichtsboten Dietrich (area Theodorici preconis, C. 163) erwähnt wird. Die erste wurde später Hornauer-, Steiben- oder Stulergasse genannt: dann wurde der Eingang in der Schüppengasse verbaut, ein Theil der Gasse wurde zu dem Hause Stallburg gezogen und bildet jetzt den Hof hinter der deutschen reformirten Kirche, welche bekanntlich an der Stelle des Stallburger Hofs stehet, der übrige Theil nach der Weissadlergasse hin behielt den Namen Hornauer- oder Hörnergässchen, heisst auch Muschelgässchen, von dem Stallburger Wappen, welches drei Pilgermuscheln zeigt. Die zweite Nebengasse heisst jetzt die Rothe Kreuzgasse, die dritte die Rosengasse, damals an der — 1582 abgebrochenen — Stadtmauer hinlehend. In dieser Gasse lag das Rosenthal, lange Zeit den Freudendirnen zum Aufenthalt angewiesen[57]).

Alle diese genannten Gassen gehen von Süden nach Norden.

Sack- oder Stumpfgassen.

In der Schiedsgasse ist eine, die Braunfelsgasse, auf der westlichen Seite zwischen der Sand- und Marienberggasse.

Hiess später das Brunnengässchen neben dem Hause zum Braunfels (Brun von Brunenfels lebte zu Baldemars Zeit. C. 673) und ist jetzt mit einem Thore verschlossen.

---

[56]) Schon 1219 erhielt dies Kloster die Hofstätte des Hezzelin geschenkt. C. 26. Vgl. auch H. Baer dipl. Gesch. der Abtei Eberbach. Wiesb. 1855. I. 478.
[57]) C. 378. Würdtwein dioec. II. 590. Kirchner, Gesch. I. 590. Feyerlein, Ansichten II. 305, sucht es mit Unrecht hinter der Mainzergasse.

In der St. Georgsstrasse auf der Südseite ist eine, zur Mainpforte führend, die Wysengasse.

Die Weisengasse (vicus Albi) führte ihren Namen von dem Hause der Familie Weiss und das Eckhaus heisst noch zum alten Weissen. Die Pforte hiess ebenso die Wysenpforte, später aber das Holzpförtchen. Dieses wurde mit seinem 1404 errichteten Ueberbau in neuerer Zeit abgebrochen, [58]) das Gässchen heisst aber noch: am Holzpförtchen. Vordem befand sich auch eine Badstube darin, welche schon 1297 erwähnt wird (estuarium apud Conradum Album situm C. 313) und 1313 die Badstube bei der Fahre (C. 543) heisst. Zum Unterschiede von der rothen Badstube heisst sie die weisse Badstube und das Gässchen wurde auch weisse Badstubengasse (vicus estuarii albi) genannt. [59])

In der Marienbergsgasse auf der Südseite sind drei Stumpfgassen, die eine zwischen dem Platze Rossebühel und der Santburnengasse, zwei zwischen dieser Gasse und dem Kornmarkt, die mittlere und westliche.

Die erste ist das Kibeler oder Faustgässchen, an der Stelle, da man jetzt hinten in das Braunfels geht. Die zweite ist das Lupurger- oder rothe Löwengässchen, so genannt von dem Hause zum rothen Löwen, welches schon 1312 erwähnt wird und dem Hause zum Sensenschmied gegenüber lag (C. 401. 406). Die dritte ist das Mulichs- jetzt Flarmaulsgässchen, von dem Hause zum Flarmaul.

Auf dem Kornmarkt, auf der westlichen Seite zunächst der Stadtmauer ist eine, die Dorburnengasse.

---

[58]) Archiv III. 125.

[59]) Ausser diesen beiden Badstuben werden noch die Badstube zu dem Frosch, die Judenbadstube und die Fischerbadstube erwähnt (1323, C. 469, 1330, Würdtw. II. 723), auch befand sich eine solche in der Neugasse (1290, C. 253) und in der Borngasse. Dergleichen gab es, besonders nachdem in Folge der Kreuzzüge sich auch in Deutschland der Aussatz zeigte, fast in allen Städten und selbst in vielen Dörfern. Die Sorge für die Krankenpflege zeigte sich damals in drei Anstalten, in den Spitälern, deren hier sich mehrere befanden, in dem Hause für die Aussätzigen (Gutleuthofe, schon 1283 erwähnt, domus leprosorum extra muros, C. 211) und in den Badstuben, in denen warm gebadet wurde. Dies warme Baden war damals mehr wie jetzt ein allgemeines Bedürfniss und es war ein verdienstliches Werk, durch besondere Stiftungen auch armen Leuten den Gebrauch der Bäder zu verschaffen: man nannte dies Seelbäder. An den meisten Orten wurden die Badstuben von dem Landesherrn oder der Stadtobrigkeit errichtet und alsdann gegen einen jährlichen Zins verliehen. In ihnen wurde auch geschröpft und der Name Bader blieb deswegen für die unteren Chirurgen noch lange üblich. Vgl. z. B. Mone, Zeitschrift für die Gesch. des Oberrheins II. 159. Peschek Gesch. von Zittau I. 630. Pfaff, Gesch. von Esslingen 240. Glaser, Gesch. der Stadt Grünberg 94.

Torffborngasse, jetzt kleiner Hirschgraben, war damals der enge Zwinger an der Stadtmauer, wie dann 1305 Häuschen erwähnt werden, welche in dem neuen Hofe Volkwins von Wetzlar in der Nähe des Berges Rossebühel gegen die Stadtmauer zu in der engen Gasse gelegen sind (in arto vico, C. 367). Der Brunnen heisst jetzt der Hirschbrunnen.

In der Carmelitergasse auf der Mittagsseite sind drei Stumpf-gassen, die östliche, mittlere und westliche, welche hinten bei dem Brunnen, genannt Dumpilburnen, an der Stadtmauer zusammenlaufen.

Diese drei Gässchen stiessen bei der Mainmauer auf die Dumpelborn-gasse: der Brunnen, zuerst 1300 erwähnt, (C. 334) hiess später auch der Tempelbronn oder von dem in der Nähe gestandenen Frauenhause der Frauenbrunnen. In diesem Hause (domus prostibuli, domus lupanaris, auch Tempelhaus genannt) wohnte der Stöcker[60]): die Gasse hiess nachher die Brunnengasse (vulgo die Wallachei) und hat jetzt diesen Namen in kleine Mainzergasse verändert. Von diesen drei Gässchen befand sich nach Bat-tons Notizen das eine neben dem Neuburgerhof und wurde später hinten verbaut, vornen geschlossen; das zweite war ein freies Plätzchen und wurde später ein Haus darauf gebaut, so dass nun zwei enge Gässchen — das Brunnengässchen und die Almei — entstanden; das dritte ist namenlos.

Auf der Nordseite sind auch drei, die eine östliche zwischen dem Carmeliterkloster und dem östlichen Carmeliterdurch-gang, zwei andere, die mittlere und westliche, zwischen den obenerwähnten mittleren und westlichen Carmeliterdurch-gängen.

Die erste dieser Stumpfgässchen liegt zwischen der Carmeliterkirche und der Seckbächergasse: sie wurde später gegen die Seckbächergasse zu geöffnet und also eine Winkelgasse. Die beiden andern liegen zwischen der Papagey- und Schneidwallgasse; das Papageygässchen und das Hexen-plätzchen mit dem Mägdleinsbrunnen.

In der Guldengasse auf der Nordseite sind zwei Sackgässchen, östlich die Strebegasse, westlich die Walthersgasse, beide führen an die Stadtmauer.

Die erste ist das Weissadlergässchen nächst dem kleinen Kornmarkt, auch Olegasse, (vicus oleatorum) Ysentrutsgässchen genannt, die zweite ist das neben dem solmsischen Hof befindliche, jetzt auf beiden Seiten ge-schlossene Gässchen: beide führten in den engen Zwinger an der Stadt-mauer, d. h. den jetzigen kleinen Hirschgraben. — Seinen Namen führte das

---

60) Vgl. Römer, Beitr. S. 20.

Waltersgüsschen, von dem Ritter Walther von Cronenberg, der 1297 einen
grossen Hof in Frankfurt, neben dem Ritter Conrad Schwab gelegen, von
dem Deutschen Orden auf lebenslang erwarb (C. 307), denn dieser Hof
scheint in seiner Familie geblieben und der spätere solmsische Hof gewesen zu sein, welchen noch 1446 Franc von Cronberg besass und der durch
dessen Tochter Elisabeth Catharine, die Gemahlin des Grafen Johannes
von Solms, an das Haus Solms fiel.

Alle diese Stumpfgassen gehen von Süden nach Norden, mit
Ausnahme der Dorburnengasse, welche von Osten nach Westen
läuft.

Die Hauptstrassen des oberen Theils der Neustadt.

Rydergasse, von dieser Pforte bis an die alte Stadtpforte genannt Bornheimerthor und die Friedbergergasse.

Diese Gasse führt ihren Namen von dem Riederhofe, nach welchem man
von ihr aus gelangt. Der Riederhof, curtis Riederin, wird schon sehr frühe
erwähnt: Kaiser Heinrich VI. schenkte ihn 1193 dem Frankfurter Schultheissen Wolfram (von Hollar), seiner Frau Pauline und ihren Erben mit
allen Zubehörungen: auch ein Forst (das Riederwäldchen) war dabei, von
dem jährlich ein Zins gezahlt werden sollte. Nach Wolframs Tode schenkte
ihn 1216 Pauline mit ihrem Sohne Johannes und ihrer Enkelin unter Genehmigung des Königs Friedrich II. an das Kloster Aulisberg (später
Kloster Haina), welches ihn 1230 dem Kloster Arnsburg verkaufte. (C. 19,
24, 53.) Am Ende dieser Gasse, ungefähr da wo jetzt der Eingang hinter
die Judenmauer sich befindet, stand die Riederpforte, denn 1366 wird noch
eine Kapelle mit einem Kirchhof ausserhalb der Stadtmauern nahe bei der
Pforte, genannt Rydertor, neu errichtet. Bald darauf aber muss dies Thor
weiter hinausgeschoben worden sein, denn 1380 wird von dieser Kapelle
aller Heiligen gesagt, dass sie in der Neustadt läge. (C. 712. 757.) Von
dieser Allerheiligen-Kapelle, später Kirche, an deren Stelle jetzt die Schule
stehet, nahm die Riedergasse ihren noch jetzt üblichen Namen Allerheili-
gengasse (vicus omnium sanctorum) an. Nach Batton hiess sie auch die
Häckergasse.

Der Viehmarkt, von der eben erwähnten Bornheimer-Pforte und
Friedbergergasse bis an das Kloster der h. Katharina, die alte
Pforte genannt Bockenheimerthor und die Eschersheimer-
gasse, welche die Stadt theilt.

Als gegen Ende des 15. Jahrhunderts die Reihe Häuser zwischen der
Friedberger- und Schäfergasse erbaut wurde, nannte man den oberen Theil
des Viehmarkts (Fehmarkts, Femerts) „an der Zeil" und später wurde der

Name „Zeil" auf die ganze Strasse ausgedehnt. — Meister Wicker Frosch, Sänger am St. Barth.-Stift, erbaute ein neues Hospital vor den Stadtmauern nahe an der Bockenheimerpforte und wurde 1344 vom Erzb. Heinrich von Mainz ermächtigt, darin zwei Kapellen, zum h. Kreuz und zu den h. Jungfrauen Katharina und Barbara, zu errichten [61]). Zu dem Spitale fügte er dann ein Kloster für Nonnen des deutschen Ordens zu Ehren der h. Katharina hinzu, erbaute zwei Kirchen, die St. Katharinenkirche für das Kloster und die h. Kreuzkirche für das Spital, welche Erzb. Gerlach 1354 bestätigte, und versah sie reichlich mit Einkünften, Zinsen und Gütern, wozu namentlich sein bei dem Niederholz gelegener Hof zum Rebstock gehörte. Die grossartigen Stiftungen bestehen noch, wenn auch im Laufe der Zeiten verändert; die St. Katharinenkirche ist 1678 neu erbaut worden und das Kloster ist zu einer weiblichen Versorgungsanstalt geworden. Ihr Siegel aber zeigt noch das Wappen des Stifters.

Von Osten nach Westen gehen diese beiden.

Bornheimergasse, von der Riedergasse aus beinahe gegenüber der Judengasse ausgehend, doch aber mehr westlich.

Diese Gasse, auch die breite Bornheimergasse und später blos die Breitegasse genannt, hatte eine Pforte, durch die man nach Bornheim ging; daher der Name. Unter der Judengasse verstehet Baldemar hier die Gasse hinter der Judenmauer.

Friedbergergasse, von der alten Stadtpforte genannt Bornheimerthor, bis zu der Pforte der Neustadt genannt Friedbergerpforte.

Diese Gasse ging von der inneren Bornheimerpforte, am Ende der Fahrgasse, bis zum Friedbergerthor, welches sich am Ausgang der heutigen Altegasse befand. Als 1628 bei Errichtung der neuen Festungswerke dieses Thor geschlossen und ein neues Friedbergerthor am Ausgange der Vilbelergasse angelegt wurde, nannte man den nördlichen Theil der Friedbergergasse die alte Friedberger- oder kurz die Altegasse. Nach Batton wurde erst 1812 durch den Abbruch des alten Thors die Altegasse wieder hinten geöffnet.

Von Süden nach Norden gehen diese beiden.

Durchgänge.

Zwischen dem Viehmarkt und der Friedbergergasse ist einer, östlich, die Schäfergasse.

---

[61]) Vergl. die Urkunden in Senckenberg selecta I. 85 sq. Römer im Archiv V. 176, zieht aus Irrthum auch diejenigen Urkunden hierher, welche die alte Katharinenkapelle auf dem Barth.-Kirchhofe betreffen.

Zu Baldemars Zeiten war die Peterskirche, an welcher jetzt die Schäfergasse in die Friedbergergasse einmündet, noch nicht vorhanden. Erst später wurde hier eine kleine Kapelle errichtet, dann 1417 wieder abgebrochen und an deren Stelle eine Kirche erbaut, welche 1452 zu einer Pfarrkirche für die Neustadt geweiht wurde. In dem folgenden Jahre wurde der Kirchhof dabei angelegt und 1454 die Reiffenberger oder Glauburger Kapelle dazu erbauet [62]).

Zwischen dem Viehmarkt und der Eschersheimergasse ist einer, westlich, die Froschgasse.

Später nach einem Anwohner die Schlimmengasse, dann hinter der Schlimmenmauer genannt [63]), bis sie in unseren Tagen diesen durch Göthes Wahrheit und Dichtung berühmt gewordenen Namen mit dem der Stiftsstrasse, von dem Senckenbergischen Stifte oder Bürgerhospitale hergenommen, vertauschen musste.

Diese beiden, von Süden nach Norden, sind Winkelgassen.

Stumpf- oder Sackgassen.

In der Riedergasse, auf der südlichen Seite ist eine, die Judengasse, von dem Judenbegräbnissort (Judenkirchhof) und dem alten Stadtgraben bis zur Riedergasse, beinahe gegenüber der Bornheimergasse, aber mehr ostwärts.

Die Judengasse, von dem dortigen Begräbnissplatze der Juden so genannt, wurde später von der Mauer desselben mit dem Namen „hinter der Judenmauer" belegt. Der alte Stadtgraben, sonst Schiessgraben oder Judeneckgraben genannt, war nach Batton ursprünglich der nördliche Graben der Vorstadt Fischerfeld. Die Juden hatten also, während sie noch in der Nähe des Mains und der St. Barthol. Kirche wohnten, ihren Begräbnissplatz schon an dem hier genannten Platze und vor den Mauern der Stadt: schon 1300 wird der Judenkirchhof bei Frankfurt und 1306 derselbe ausserhalb der Mauern Frankfurts erwähnt (C. 336. 369); wenn sich also ein solcher ursprünglich auch in der Stadt und in der Nähe der Judenwohnungen befunden haben sollte, so ist er doch schon in frühen Zeiten verlegt worden. Ebenso ist auf der nördlichen Seite eine, genannt Klappergasse.

Ist die jetzige Stelzengasse. Die Gegend, in welcher diese nördlich mündet, hat den Namen Klapperfeld noch behalten.

Diese beiden gehen von Süden nach Norden und sind Winkelgassen.

---

[62]) Würdtwein, dioec. II. 507. Müller, Beschr. S. 78.
[63]) Archiv VI. 179.

In der Bornheimergasse, auf der östlichen Seite, ist eine Stumpfgasse, die Lytzengasse.

Sie führte von der Breitengasse nach der Kühgasse. Batton bemerkt,
dass im 15. Jahrhundert ein Herr von Rohrbach Ihre Abschaffung bewirkt
habe, um seine beiden dorten gelegenen Gärten, Hobenstuck und Hilde-
burg genannt, zu vereinigen, die dann der Rohrbacher Garten, später der
grosse Bleichgarten hiessen. Damit nun die Kühgasse einen andern Ausgang erhielt, entstand die kleine Riedergasse, später in Rittergasse verändert, jetzt die Klingergasse, nach dem Namen des dort geborenen
Dichters.

In der Friedbergergasse auf der östlichen Seite ist eine, der
Schäfergasse gegenüber.

Dies ist die jetzige Vilbelergasse, die 1628 bei der Verlegung des Fried-
bergerthors an ihren Ausgang aufhörte eine Stumpfgasse zu sein und
diese Eigenschaft an die Altegasse übertrug, wie oben bemerkt. Die
daran stossende Winkelgasse, jetzt die Hammelsgasse, hiess eine Zeit lang
die (kleine) Bornheimergasse.

Diese gehen von Osten nach Westen, sind Winkelgassen.

Die Hauptstrassen des unteren Theils der Neustadt.

Die westliche Seite der die Stadt scheidenden Gasse, wie oben.

Also die westliche Seite der Eschersheimergasse.

Die Mainzergasse, von der Pforte der alten Stadt, genannt
Bockenheimerthor, bis zu der Pforte der neuen Stadt, welche
Mainzer- oder Galgeupforte genannt wird.

Diese Gasse, von der alten Bockenheimer- oder Katharinenpforte ausgehend, umfasste also einen Theil des Rossmarkts und die Gallengasse, an
deren Ausgang, in der Gegend des jetzigen Taunusthors, das alte oder
innere Mainzer- oder Galgenthor stand. Sie wurde auch Galgengasse
(vicus patibuli) genannt und heisst jetzt euphemistisch Gallengasse[64]). Am
Ecke, da wo jetzt die Schlesingergasse beginnt, stand ehemals die Maternus-Kapelle, vor welcher der Pferdemarkt gehalten wurde.

Die Bockenheimergasse, von der alten Stadtpforte bis zur Pforte
der neuen Stadt, welche Bockenheimerthor genannt wird.

Sie umfasste also auch den später s. g. Steinweg und hiess auch die
Rödelheimergasse.

Diese beiden gehen von Osten nach Westen.

---

[64]) Feyerlein, Arch. II. 296.

Durchglnge.

Zwischen der Schieds- (d. s. Eschersheimer-) und Bockenheimergasse ist ein Durchgang, von Osten und dem südöstlichen
Ecke der Schiedsgasse nach Westen gehend, die Denengasse.

Von dem Anwohner Ditzel Denen [65]) so genannt (vicus Dyzelonis
Denen), jetzt die Biebergasse vom Wolfseck an.

Zwischen der Mainzer- und Bockenheimergasse ist einer, der
Rossmarkt, von Süden nach Norden bis zur Denengasse.

Ist also die heutige Stadtallee mit dem Theaterplatz. Die Häuser,
welche jetzt die eine Seite der Töpfengasse bilden, waren anfänglich bloss
Steinmetzenhütten und zu Baldemars Zeiten noch nicht vorhanden.

Stumpf- oder Sackgassen.

In der Mainzergasse ist eine auf der Südseite.

Ist die kleine Gallengasse, welche jetzt einen Ausgang in die Schlesingergasse hat: letztere war also zu Baldemars Zeit noch nicht vorhanden.

In der Bockenheimergasse sind zwei auf der Südseite, die erste
und die zweite.

Dies sind die Gassen, welche jetzt nach dem Rothenhofe und dem Lugins-
land führen; die drei Gassen, welche jetzt von der ersteren aus nördlich
laufen, die kleine Bockenheimer-, Brunnen- und Dreifrosch- oder Rothe-
hofsgasse, bestanden zu Baldemars Zeit noch nicht.

In der Denengasse ist auf der Nordseite eine Stumpfgasse,
welche sich in mehrere andere vertheilt, von Süden nach
Norden laufend.

Ist wohl die Gasse, welche nach dem Rahmhof führte (dieser Hof wird
schon 1357 erwähnt [66]), oder die jetzt hinten geöffnete Taubenhofgasse.
Die andern von der Kalbächergasse nordwärts führenden Gassen, die Kasten-
hospitalgasse und Meisengasse, kennt Baldemar noch nicht, sie sind also
späteren Ursprungs und dienen zum weiteren Beweise, dass damals die
Neustadt noch nicht sehr angebaut war.

---

[65]) Seine Wohnung wird 1355 und 1360 erwähnt, Würdtw. II. 585. 677.
[66]) Senckenberg, sel. I. 110.

Sachsenhausen.
Die Hauptstrassen des oberen Theils.

Die Rodergasse oder St. Elisabethenstrasse, nächst dem Süden oder dem Felde zu gelegen, von der Pforte nach Oberrad, genannt Affenpforte, bis zu der St. Elisabethenkirche.

Diese Strasse, welche von der Elisabethenkapelle auf dem Kirchhofe gegenüber der Brücke bis zu dem Affenthor hinzog und dorten eine Biegung machte, hiess Rodergasse, weil sie nach den ausgerodeten Orten, nach Oberroden führte. Das Thor führte den Namen nach einem in der Nähe gelegenen Hause zum Affen, die später versuchte Herleitung des Namens von Ave Maria ist irrig.

Die Maingasse, zunächst dem Norden oder dem Maine gelegen, von dem Orte genannt Thiergarten bis zur Mainbrücke.

Diese Gasse, am Forstmagazin anfangend, durch die im Thiergarten, an dem Auslager und im Klöppelhof genannten Gegenden bis zu dem Zwinger hinter dem deutschen Hause und bis an die Brücke hinziehend, heisst jetzt die grosse Rittergasse.

Von Osten nach Westen sind diese beiden gelegen.

Durchgänge.

Zwischen den ebengenannten Gassen gibt es deren zwei, der eine geht von Osten und der Maingasse in westlicher Richtung nach der Rodergasse, der andere von Süden und der Rodergasse in nördlicher Richtung nach der Maingasse.

Der erste Durchgang, früher. Klapper- oder Hofstattgasse genannt, heisst jetzt die kleine Rittergasse und zieht von der grossen Rittergasse aus an der jetzigen Klappergasse vorbei bis gegen das Affenthor hin. Ein Theil derselben hiess auch die Hainergasse. Der zweite Durchgang geht von der grossen Rittergasse am Frankensteinerhof aus bis zur Elisabethengasse und heisst jetzt die Paradiesgasse, früher auch die Clee'sche Hofgasse.

Es ist bekannt, dass in Sachsenhausen auf des Reiches Boden die zur Pfalz Frankfurt gehörigen Ministerialen viele Besitzungen hatten, die Ritter in Sachsenhausen (milites in Sassenhusen, C. 46) werden noch 1226 den Bürgern in Frankfurt entgegengesetzt. Es ist daher auch wohl möglich, dass die Rittergasse davon ihren Namen erhielt. Denn gerade in dieser Gegend lagen mehrere Rittersitze. Angesessen war hier vor Allen die Familie der Herren von Sachsenhausen, welche in ihrem Wappen zwei Sparren führte. Ritter Hartmud von Sachsenhausen besass hier einen reichslehnbaren Hof mit einem steinernen Hause, der bis ans Mainufer ging und den er 1276 den Deutschordensbrüdern verkaufte (C. 177). An diesen Hof stiess sein eigenthümlicher Baumgarten (pomerium), den er

1274 den Herren von Eppstein zu Lehen auftrug (C. 169). Heinrich von
Urberg, aus derselben Familie von Sachsenhausen, war an einem reichslehnbaren Hofe zu Sachsenhausen betheiligt, dessen anderer Theil wohl
seinem Bruder Conrad von Sachsenhausen, genannt von Urberg, gehörte,
und verkaufte 1345 diesen seinen Theil nebst dem Trieb daneben, dem
Baumgarten gegenüber, zwei Huben Landes im Sachsenhäuser Felde und
den in diese zwei Huben zu messenden Thiergarten an den Ritter Rudolf
von Sachsenhausen (C. 592). Dieser Ritter Rudolf gehörte zu der Familie
der Herren von Praunheim, welche eine Klettenstaude im Wappen führte
und deren Glieder zum Theil mit den Besitzungen der alten Herren von
Sachsenhausen auch deren Namen annahmen. Ritter Heinrich von Praunheim, Schultheiss zu Frankfurt, besass 1278 als Reichslehen den Wald
Baumgart im Dreieich bei der Deutschordenswiese (C. 186), 1285 erhielt
er den Hof, genannt zu den Rode, bei der Deutschordenswiese als Reichslehen, dazu kaufte er 1290 von Ritter Ripert von Sachsenhausen noch
12 Juchert Ackerland im Sachsenhäuser Feld (C. 250) und 1292 trug er
seinen bei dem Deutschordenshaus in Sachsenhausen gelegenen Hof mit
Haus dem Pfalzgrafen Ludwig zu Lehen auf (C. 274). Auch diese Güter
scheinen später an Heinrichs Vetter, den Ritter Rudolf von Sachsenhausen
gefallen zu sein. Denn dessen Kinder sind um und in Sachsenhausen reich
begütert: sie besitzen ausser vielem Gelände den Hof an der Frauenbach,
den Hof in dem Rade, den Garten genannt Judenkirchhof, den Garten genannt Blankengarten mit einem Haus darin in Sachsenhausen, den Hof mit
dem Haus genannt der Sale daselbst, den Garten auf der Hofstatt und den
Würzgarten daselbst u. s. w. So werden die Brüder Rudolf und Friedrich von Sachsenhausen 1400 von Kaiser Siegmund beliehen mit dem
Thiergarten, dem Baumgarten und dem Urbergerhof in Sachsenhausen. Dieser Rudolf starb 1426 als der letzte weltliche Herr der Familie Praunheim-
Sachsenhausen. Nach langen Erbstreitigkeiten kommt nun Wenzel von
Cleen, der mit Rudolfs Nichte Irmel vermählt war, in den Besitz dieser
Reichslehen und der Hof heisst fortan der Clee'sche Hof. Aber auch sein
Geschlecht erlosch, die Erbtochter Irmel von Cleen, seit 1508 mit Johann
von Frankenstein vermählt, brachte den reichen Besitz an ihren Gemahl.
Seitdem blieb dem Hofe der Name Frankensteiner Hof [67]). Schon 1372
aber hatte Sifried von Marburg, nach seinem am Marienberg gelegenen
Hause zum Paradies genannt, einen Hof zu Sachsenhausen hinter dem Garten der Deutschordensherren erworben, dazu erhielt er ein Stück anstossenden Reichslandes, was vordem ein Bruch gewesen (C. 730, 738), und auch
dieses Besitzthum wurde nun „zum Paradies" genannt, so dass der Name
dieses in der Geschichte Frankfurts hervorragenden Mannes sich bis zur
Stunde in der Bezeichnung dieser Gegend erhalten hat.

---

[67]) Vgl. meine genealog. Geschichte der Herren von Sachsenhausen und
Praunheim, im Archiv VI. 38 flg.

Sachsenhausen.
Hauptstrassen des unteren Theils.

Die Deutschordensgasse, welche Sachsenhausen in zwei Theile scheidet, wie oben.

Diese von den Gebäulichkeiten des deutschen Ordens daselbst genannte Gasse, welche auch unter den Hauptstrassen des oberen Theils hinsichtlich ihrer östlichen Seite anzuführen war, heisst auch die Brückenstrasse (vicus pontis). Die Brücke über den Main wird 1222 und 1223 zuerst erwähnt: 1235 war sie — ein Holzbau — in Folge grosser Ueberschwemmung sehr baufällig geworden und drohte gänzlichen Einsturz, daher König Heinrich den Bürgern das halbe Einkommen aus der königlichen Münze zu Frankfurt und das nöthige Holz aus dem Reichswald mit dem Befehle überwies, dass sie alsbald die Brücke herstellen und ferner wohl unterhalten sollten. Sie muss mehrfach Schaden genommen haben, denn 1300 wurde denjenigen ein Ablass verliehen, welche zur Reparatur der Brücke beisteuern würden. Im Jahr 1306 aber riss ein starker Eisgang bei grossem Wasser einen grossen Theil der Brücke mit den zwei Brückenthürmen wieder ein. Sie wurde indessen bald wieder hergestellt, denn 1310 verleiht König Heinrich dem Schultheissen Volrad drei Mark Einkünfte von dem Zolle, der an dem Thore der Brücke über den Main erhoben wurde. König Ludwig erlaubte 1329 der Stadt, zur Besserung ihrer Brücke Gülten aufzunehmen. Auch wurde 1338 eine Kapelle zu Ehren der h. Katharina auf der Brücke errichtet. Die grosse Wasserfluth des Jahres 1342 aber, zu deren Erinnerung lange Jahre hindurch die grosse Procession am Marien Magdalenen Tage stattfand, brachte neue Zerstörung: die ganze Brücke mit einem Thurm und der Kapelle wurde weggerissen; nur sechs Bogen auf der Stadtseite blieben stehen. Sie musste daher neu erbaut werden, zu welchem Zwecke schon im September 1342 König Ludwig eine Erhöhung des Zolls erlaubte, und 1345 wurde auch der Thurm auf der Sachsenhäuser Seite wieder aufgeführt. Im Jahre 1362 war der Brückenbau noch im Gange, denn es wird der Baumeister dieses Baues, Gernand Smyd erwähnt und 1363 erlaubte Kaiser Karl IV. dem Rath, Juden in der Stadt aufzunehmen um einen jährlichen Zins, der zum Theil für die breshafte Mainbrücke verwendet werden soll. Meister Martin Gerthener erbaute 1399 einen der Schwibbogen und verpflichtete sich, falls derselbe bei seinen Lebzeiten einstürzen oder sonst merklichen Schaden nehmen sollte, ihn auf seine Kosten neu zu bauen [66]).

Oppenheimer Gasse, zunächst nach Süden oder dem Felde zu gelegen, von der obgedachten St. Elisabethenkirche an, bis

[66]) C. 34. 40. 61. 837. 390. 497. 578. 683. 685. 780. Annalen des J. Latonus, in G. Florians Chronica, 1664, S. 237. 243. 245.

zum Hospital der drei Weisen aus Morgenland, sodann Hurte-
gasse genannt, bis zu der Pforte genannt Oppenheimer
Thor.

Ihren Namen erhielt diese Gasse sammt dem Thore von der Landstrasse
nach Oppenheim, die an der Pforte anfing. In ihrem östlichen Theile hiess
sie auch Spital-, jetzt Dreikönigsgasse, in dem westlichen aber Hirten- oder
Haargasse. Wann das Hospital zu Ehren der drei Weisen, wofür später
die Bezeichnung der h. drei Könige üblich wurde, gestiftet worden, ist
nicht bekannt. Darin befand sich eine Kapelle, die zwar Baldemar nicht
erwähnt, die aber schon 1340 Heinrich Diemer errichtet haben soll. Im
Jahr 1450 verordnete Papst Nicolaus, dass diese Kapelle (gleichzeitig mit
der Peterskapelle in der Neustadt) zu einer Pfarrkirche mit Kirchhof erhoben werde, 1452 führte der Cardinallegat Nicolaus diese Anordnung aus
und der Rath traf 1453 Vorkehrung, dass dem Priester an der neuen
Kirche sein gebührendes Auskommen werde, zu welchem Zwecke auch die
Einkünfte der Kapelle der h. Katharine, „etwan uff der Brucken gelegen"
mitverwendet wurden [59]).

Löhergasse, zunächst nach Norden oder dem Maine zu gelegen,
von der Mainbrücke bis zu dem gedachten Hospitale, dann
Fischergasse genannt, bis zur westlichen Mainpforte.

Anfänglich ging die Löher- oder Lohgerbergasse nur bis an das Hospital, ober welchem die Stadtmauer stand: bei der Vergrösserung Sachsenhausens wurde sie dann durch die Fischergasse fortgesetzt bis zur Fischerpforte, jetzt Schaumainthor.

Beide gehen von Osten nach Westen.

Durchgänge.

Deren gibt es nur einen, zwischen der Oppenheimer- und Löhergasse, von Süden nach Norden.

Ist das Plätzchen an der Dreikönigskirche, der Mühle über.

Die Vorstadt

der Altstadt Frankfurt, nämlich das Fischerfeld, hat weder
Hauptstrassen noch Durchgänge, sondern nur eine nach
Norden gelegene Strassenseite. Diese Seite aber hat drei

[59]) Latomus annales, bei Florian, S. 242. Würdtwein, diöc. II.
507, 514, 518. Faber, Beschrbg. I. 33. Kirchner, Gesch. I. 236.

Stumpfgassen, eine östliche, mittlere und westliche, von Süden nach Norden gelegen.

Das Fischerfeld, mit welchem Namen die Gegend von der Brücke an bis zum jetzigen Obermainthor, dann vom Main an bis zur Hanauer Landstrasse nach den Riederhöfen zu bezeichnet wurde, soll zwar nach Batton's Vermuthung den Raum für die ersten Ansiedelungen in hiesiger Gegend dargeboten und es soll hier, noch ehe Frankfurt ummauert gewesen, eine Vorstadt bestanden haben, allein diese Meinung ist um so weniger haltbar, als selbst der Name Fischerfeld erst in späterer Zeit vorkommt. Ein neuerer Forscher findet den Namen zuerst 1370 in einem Register der hiesigen Probstei und hebt die Zehntfreiheit dieser Gegend hervor [70]). Beide Angaben sind unrichtig, wie die Urkunde des Probstes Wilhelm von Aspalt von 1329 (C. 496) beweist. Derselbe erklärt hier, dass die Bunden um Frankfurt, von denen die Probstei den gewöhnlichen Zehnten zu beziehen habe [71]), namentlich auch die s. g. oberen Bunden [72]) nämlich die

---

[70]) Römer-Büchner, Beiträge S. 18.

[71]) Es gab also doch einen decimator universalis dahier. Arch. VI. 68.

[72]) Unter „Bunde" (Beunde, Peunt) wird übrigens nach Landau's Untersuchungen (die Territorien, 1854. S. 13. 35) ein umfriedigtes Land, clausura verstanden und zwar sowohl das umschlossene Gelände des Herrenhofs (terra salica) als auch die nicht zur Hofraithe gehörigen, zunächst um die Dörfer liegenden Baum-, Gras- und Krautgärten. Im Gegensatz zu letzteren werden die herrschaflichen Beunden oft auch Herrenbeunden genannt. Vgl. auch periodische Blätter der Geschichtsvereine 1854, I. 34. IV. 27. So waren auch die Bunden bei Frankfurt herrschaftliches, d. h. Reichsgut. Die Bezeichnung findet sich hier zuerst 1317. In diesem Jahre erlaubt König Ludwig dem edeln Eberhard von Breuberg, seiner Gemahlin Mechtildis von Waldeck 1000 Mark Silbers auf seinem Reichsleben als Leibgedinge (nomine dotis, anzuweisen, und unter diesen Reichsleben werden auch die Aecker ausserhalb der Stadtmauern aufgeführt, welche „buhinde" heissen (C. 438). Die verwittwete Edelfrau Mechtildis gab dann diese ihre Bunden, die auf den Diebsweg stossen, 1323 dem ehrbaren Manne Jacob Klobelauch in Erbpacht (C. 467). Dieser erlangte 1329 zu grösserer Sicherheit von seinem kaiserlichen Gönner die Zusage, dass dieser Erbpacht fortbestehen solle, auch wenn das Reich die Bunden wieder an sich lösen würde. (C. 499). Er löste hierauf den Zehnten ab, welchen die Probstei von dieser Bunde zu fordern hatte, trug den Breuberg'schen Erben 1333 die Reichspfandschaft an der Bunde ab, erhielt von dem Kaiser die Bestätigung dieser Pfandschaft, wobei ausdrücklich bemerkt wird, dass dies Land zu des Reiches Sal gehöre, und erbaute sich dabei einen Hof, der nach ihm der Klobelauchhof genannt wurde (C. 496. 504. 519. 526). Dieser Hof und die Bunde zwischen Frankfurt und Eckenheim wurde 1388 als Eigenthum seines Sohnes Jacob Kloblauch anerkannt und von demselben 1396 an die Stadt verkauft, obwohl dessen Bruder Adolf vor dem Ankaufe warnte, weil dieses Besitzthum Lehen sei und nach Lehenrecht auf ihn ersterben müsse (C. 765. 775). Ausser dieser Bunde werden dann noch 1329 andere Ober- und Niederbunden erwähnt, welche die Probstei gegen die Entrichtung des Zehnten verleiht und welche ohne Zweifel aus königlicher Schenkung an sie gekommen sind (C. 496).

8*

Bunde auf dem Fischerfelde an dem Main und die Bunde an der Reiger-
wiese bei dem Riedergraben, schon lange öde und wüst gelegen hätten
und dass er desswegen sein Recht daran den ehrbaren Leuten Johann
von Speier und Jacob Kloblauch gegen Entrichtung des Zehntens geliehen
habe. Auf diesem Felde nun, und zwar längst des Mains hin, stand eine
Reihe Häuser, welche man die Vorstadt Fischerfeld nannte. Denn da Baldemar sagt, dass diese Häusserreihe nach Norden zu gestanden habe, so
lässt sich nur annehmen, dass sie, wie jetzt die Häusser an der schönen
Ansaicht, nach dem Flusse hin gesehen habe. Hier war der Thurm, der
in der Beschreibung von 1391 (C. 767) der Erker auf dem Fischerfelde
genannt wird. Zu Ende des 14. oder Anfang des 15. Jahrhunderts verschwand diese Vorstadt: ihrer wird in der Verordnung über Abschaffung
der Schindeldächer (um 1400) noch gedacht, in der Kriegsordnung von
1428 und der Ordnung von 1443 über die den einzelnen weltlichen Rich-
tern zugewiesenen Stadttheilen aber kommt sie nicht mehr vor [73]). Ein
Theil des Fischerfeldes wurde darauf bei der Erweiterung der Festungswerke 1628 zur Stadt gezogen: das äussere Fischerfeld umfasste dann
noch die Gegend zwischen dem Riederbruch und dem Mainwasen. Im
Jahr 1788 wurde beschlossen, das aus Gärten und Alleen bestehende innere Fischerfeld sammt den Gegenden des Brückhofs (der dem Ausgang
der Fischergasse gegenüber lag) und des Wollgrabens mit Häusern an-
zubauen und es entstand hier ein neuer Stadttheil, den man eine Zeit lang
die Neustadt oder die neue Anlage nannte. Eine der daselbst angelegten
Strassen heisst noch die Fischerfeldstrasse, eine andere die Schützenstrasse,
zur Erinnerung daran, dass vormals die bürgerliche Schützengesellschaft
hier ihren Schiessplatz hatte [74]).

Die Vorstadt

von Sachsenhausen besteht aus zwei Theilen.

Der südliche Theil liegt vor der Roder- oder Affenpforte
und ist eine Strasse genannt auf dem Steinwege, von Süden
nach Norden gehend, mit zwei Stumpfgassen, einer östlichen
und westlichen.

Der westliche Theil liegt vor der Oppenheimer- und Fischerpforte, hat eine Strasse, genannt an der Oppenheimerstrasse,
von Osten nach Westen gehend, mit zwei Seiten, einer südlich zwischen der genannten Strasse und dem Maine, der
andern nördlich zwischen dieser Strasse und dem Felde.

---

[73]) Arch. VII. 147.
[74]) Hüsgen, Wegweiser (1802) S 13. 70. Feyerlein, Ansichten I.
148 fig.

Die Vorstadt auf dem Steinwege (in via lapidea) lag an der Südost-
seite Sachsenhausens, lehnte sich vor dem Affenthore an den Graben und
war gegen Süden, ungefähr 80 Schritte von dem Oberräder Weg entfernt
mit einem Thor verschlossen, welches die Kührains, später enphemistisch
die Quirinspforte genannt wurde. Der Rain vor dem Thore war die Grenze
des s. g. Ober- und Unterfeldes. Im Jahr 1552 wurde aus Besorgniss vor
einer Belagerung diese Vorstadt niedergerissen, später zwar die Pforte wieder aufgebaut, aber 1645 wieder abgebrochen, da anstatt einer Vorstadt nur
Gartenhäuser dorten erbaut wurden. An ihre Stelle kam ein Schlag und
ein Geleitsstein, indem an dieser Pforte von Alters her das städtische Geleit anfing. Da aber wegen des Geleits mit Kurmainz vielfache Streitigkeiten entstanden, weil dasselbe das Geleit bis ans Affenthor führen wollte
und dies für die alte Quirinspforte ansah, so liess der Rath noch 1790 an
der alten Stelle eine Pyramide mit der Inschrift Quirinspforte aufrichten.
Erst 1810 wurde der alte Steinweg cassirt und ein neuer Weg durch die
Gärten angelegt. Auch die westliche Vorstadt, nur aus zwei Reihen Häuser
bestehend, wurde 1552 niedergerissen. [73])

Die Gärten

der Neustadt zerfallen in drei Theile. Der östliche oder obere
Theil liegt zwischen der Rieder- und Friedberger Landstrasse,
der nördliche oder mittlere zwischen der Friedberger und
Eschersheimer Landstrasse, der westliche oder untere zwischen der Eschersheimer und Bockenheimer Landstrasse, in
dem Lindau genannt.

Batton ist der Ansicht, dass Baldemar hiermit die Gärten innerhalb
der Stadtmauern habe bezeichnen wollen, aber es ist dies wohl nicht der
Fall, sondern es werden hier die Felder vor der neuen Stadt genannt, in
welcher die Gärten lagen. Denn Baldemar gebraucht den Ausdruck strata
nicht für Gasse, sondern verstehet darunter eine Landstrasse, was die gewöhnliche Bedeutung des Worts ist; ausserdem ist der Name Lindau nie
für einen Theil der Stadt, sondern stets für das s. g. Bockenheimerfeld
üblich gewesen. Im Jahr 1251 gibt König Conrad IV. dem Schultheissen
Wolfram den Neurottzehnten des abgetriebenen Reichswaldes Lindach bei
Frankfurt zu Lehen und 1256 wird derselbe auch mit dem probsteilichen
Zehnten in Lindau, ad Lindehe, beliehen. Schon 1267 wird ein Garten
daselbst erwähnt und 1294 Ackerland „in deme Lindehe", neben dem Wege,
da man nach Praunheim und Bockenheim geht. Es wird 1296 und 1298
ebenso angegeben, dass die Gegend „an deme Lindehe" vor den Stadtmauern läge, an dem Wege nach Ginheim zu. (C. 83. 99 141. 285. 300. 320).
Warum aber Baldemar nur Gärten in diesen drei Gegenden, und nicht

73) Feyerlein, Arch. I. 198. Römer, Beitr. S. 26.

anch z. B. links von der Bockenheimer Landstrasse an bis zum Maine erwähnt, scheint darin seinen Grund zu haben, dass die Gärten ursprünglich
nicht in den eigentlichen Stadtfeldern angelegt werden durften. Eine
Ordnung über das Brachfeld [76]) spricht sich nämlich dahin aus, dass von
Alters her um die Stadt innerhalb der Landwehre drei Felder gewesen
seien, dass von diesen Feldern jedes Jahr eins habe brach liegen müssen
und dass fortan dieser dreijährige Wechsel wegen der Viehweide wieder
streng solle eingehalten werden. Als diese drei Feldern werden nun bezeichnet: das Riederfeld von dem Riederhofe an bis auf das Fischerfeld,
das Friedberger Feld, von der Vilbeler Strasse an bis auf die alte Friedberger Strasse, hinter den Oeden her bis an den Ginheimer Steg, und das
Galgenfeld von der Pforte an bis an die alte Warte und von der Niedenau
bis an den Mainwasen. Die Gegend aber von dem Bornheimer Wald an
bis an den Friedberger Schlag, von der grossen und kleinen Oede bis an
die Eschersheimer Strasse an den Wiesenborn, und weiter von dem Frosch-
born bis zur Ginheimer Landwehre am Lindenborn, bis zur Rödelheimer
(Bockenheimer) Warte und von da bis an den „Kuwedrecksborn" soll
nicht zu den drei Feldern gehören, sondern wer daselbst begütert ist, kann
sich seines Gelände gebrauchen wie er will. Diesen Bezirk nun, der nicht
zur Weide bestimmt war, scheint Baldemar unter der Bezeichnung „Gärten"
verstanden zu haben und in ihm lassen sich auch unschwer die drei Theile
unterscheiden, welche Baldemar angibt. [77]) Damit stimmt überein, dass die
Gärten, deren Lage in den Urkunden näher bezeichnet werden, sich ebenfalls in diesem Bezirke finden, z. B. in dem Lindau, vor der Bornheimerpforte (1267, C. 141), gegen Bornheim zu (1298, C. 319), bei dem Schwar-
zen Hermanns Brunnen, am Bornheimer Wege, an der Pfingstweide (1300,
C. 336), u. s. w. Ohne Zweifel lagen aber in der Gegend, welche den
Platz zu der nacherigen Neustadt lieferte, ebenfalls Gärten und da der
Anbau der Neustadt nicht so rasch vor sich ging, mochten manche solcher
Gärten als nunmehr städtische Grundstücke sich noch lange erhalten.
Daraus erklärt sich auch der grosse Raum, den einzelne Besitzungen noch
jetzt dort einnehmen, sowie der Umstand, dass manche in der Altstadt
längst angesessene Geschlechter auch in der Neustadt grosse Höfe besitzen,
die vordem gewiss ihre Gärten waren. So wird 1360 von einer Baustätte
(area) gesagt, sie sei gelegen innerhalb der Mauern der Neustadt, sonst
zu den Gärten genannt, hinter dem Hofe Heinrichs zu dem Wyddel und
gegenüber dem Hofe des Heilmann Frosch, also in der Frosch- oder nach-
herigen Schlimmengasse. [78])

---

[76]) Arch. VII. 152. Hier also noch die alte Dreifelderwirthschaft! Vgl.
Landau, Territorien. S. 52.
[77]) So sagt auch eine Urkunde von 1362, dass ein Garten gelegen sei
in campis Fr. superioribus seu orientali parte ante silvam villae Bornheim.
Würdtw. II. 561.
[78]) Würdtwein II. 677.